W0365091

# Liebesgeflüster
# mit
# deiner Seele

Rosmarie Klaka-Lampert

**AMBAJI ZENTRUM**
Buchhandlung
St. Johanns-Vorstadt 70
CH-4056 Basel
Tel. 061/322 43 49

Dritte, überarbeitete Auflage, 7/1989
7. bis 17. Tausend
© 1985 bei Rosmarie Klaka-Lampert
Ambaji Verlag Basel, Schweiz
ISBN 3-905050-05-6

# ZU DIESEM BUCH

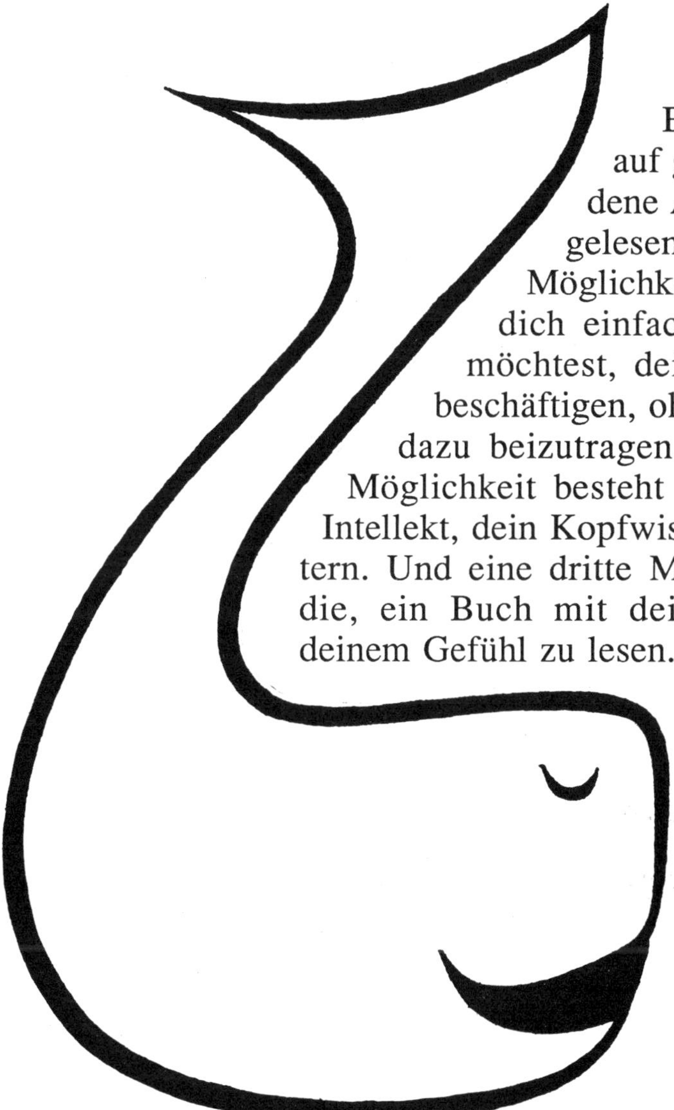

Bücher können auf ganz verschiedene Art und Weise gelesen werden. Eine Möglichkeit ist, dass du dich einfach unterhalten möchtest, deine Gedanken beschäftigen, ohne selbst viel dazu beizutragen. Eine zweite Möglichkeit besteht darin, deinen Intellekt, dein Kopfwissen zu erweitern. Und eine dritte Möglichkeit ist die, ein Buch mit deinem Herzen, deinem Gefühl zu lesen. Dieses Lesen wird auch mit «zwischen den Zeilen lesen» umschrieben. Das ist genau die Art, wie du dieses Buch lesen solltest. Wenn du alles, was darin steht, mit dem Kopf verstehen möchtest, so sehe ich schon, wie du ihn des öftern schüttelst, «Das stimmt doch nicht!» und «So etwas soll ich glauben?» sagst.

Versuche einmal die dritte Art. Ich vergleiche dieses Lesen oft mit dem Wesen des Walfisches. Er schwimmt mit offenem Maul durchs Meer und lässt alles auf sich zukommen. Was ihm passt, das schluckt er hinunter, das heisst, er lässt es in seinem grossen Magen verschwinden. Was ihm nicht schmeckt, was er nicht als gut empfindet, lässt er alles durch seine Barten wieder heraus. Er macht keine grosse Anstrengung, um zu seinem Futter zu kommen. Er lässt alles auf sich zukommen, guckt es sich an und entscheidet:
brauchbar — oder unbrauchbar!

Ich bitte dich, lies dieses Buch auch so. Nimm an, was für dich richtig ist, lass fallen, was für dich nicht annehmbar, nicht brauchbar ist. Auch wenn du nur einen kleinen Teil daraus annehmen kannst — macht nichts, der Walfisch ernährt sich auch von kleinen und kleinsten Wesen und wird doch satt dabei.

Und nun: Guten Appetit!

# ERSTER TEIL

*Ein Kätzchen findet in einer Schale süsse Milch. Es trinkt sie und sagt dann zur Schale: «Hab vielen Dank, meine liebe Schale, deine Milch war so gut.»*
*«Ist gern geschehen», antwortete die Schale, «aber ich bin nicht die Kuh.»*

# ABENTEUER KRANKHEIT — ABENTEUER LEBEN

Man könnte Bände füllen mit all den gut gemeinten Ratschlägen, was du für, gegen, trotz und erst recht mit deiner Gesundheit machen solltest. Und über all dem verwirrend grossen Angebot an Mitteln, Techniken und Therapien hat der Mensch etwas sehr Wichtiges vergessen. Der Homo sapiens hat vergessen, dass er eine Seele hat. Hat vergessen, wer oder was seine Seele ist und dass sie sogar sprechen kann. Er hat vergessen, dass es ganz weit innen, leider mit viel Unrat zugeschüttet, ein wunderschönes Etwas gibt, das genau weiss, was für uns gut und richtig wäre.

Es ist überall so laut geworden. Hast du das auch schon gehört: Wir verstehen das eigene Wort nicht mehr? Wegen des vielen Lärms und der vielen äusseren Reize musste sich unser Körper immer mehr und mehr abhärten, um überhaupt weiter existieren zu können.

Und die Folge davon?

Wir hören die Stimme der Seele nicht mehr. Sie hat uns aber etwas sehr Wichtiges zu sagen. Was bleibt ihr anderes übrig, als auch zu härteren, lauteren Mitteln zu greifen?

Die Folge: *Wir sind krank!*

Was bedeutet das? Ist es Schikane oder Laune des Schicksals? Oder einfach Zufall? (Was für ein bequemes Wort!) Oder Strafe? Oder... Ich weiss nicht, was es noch alles sein könnte. Weisst du es für dich?

Sicher ist, dass krank sein oder Unfall haben nicht eine sinnlose Quälerei eines launischen Gottes ist. Bestimmt auch keine Strafe für etwaige begangene «Sünden».

Es sind Hilfeschreie der Seele. Sie fühlt sich nicht wohl. Sie möchte uns etwas sagen und mitteilen. Sie möchte uns mitteilen, dass wir falsch leben, eine falsche Einstellung zum Leben haben, dass wir die Naturgesetze, die kosmischen und göttlichen Gesetze nicht achten und nicht einhalten. Sie möchte sich, gleich um welchen Preis, bemerkbar machen.

Wir haben einen kleinen Husten, Schnupfen oder sonst ein kleines Wehwehchen: Wir wissen ja nicht, was es uns sagen will. Wir nehmen ein Mittelchen dagegen, na ja, sehr einfach: Wehwehchen weg! Deswegen fühlt sich die Seele aber kein bisschen besser; sie wollte uns ja mit dem kleinen Schnupfen etwas sagen. Wir haben nicht verstanden. Die Seele aber, da ihr der sanfte Weg verbaut wurde, greift zu härterten Mitteln. Aus dem Hüstelchen wird Bronchitis oder sonst irgend etwas. Die Medikamente werden immer stärker, immer mehr...
Endlich: Hurra, die Krankheit ist besiegt!

In uns wehrt sich die Seele. Immer und immer wieder versucht sie, sich mitzuteilen. Vergeblich! Sie wählt neue Wege, immer härtere, lautere. Nützt nichts! Die Medizin ist heute auf einem so hohen Stand angelangt, dass sie für oder gegen fast jede Krankheit das geeignete Mittel sofort zur Hand hat.

Arme Seele, unverstanden kümmert sie vor sich hin. Eine traurige Seele überträgt jedoch ihre Traurigkeit, ihre Unlust, ihr Dahinvegetieren auf den Körper und die Psyche*). Wir fühlen uns leer, aggressiv, deprimiert und was der unangenehmen Zustände mehr sind. Aber auch dagegen haben wir ja jede Menge Mittelchen und Techniken. Der Griff zur Medikamentenschachtel, zum Heilmittel auf natürlicher Basis, zur schmerzlindernden Therapie geht heute sehr schnell. Krankenkasse bezahlt ja alles.

*Was tun?*

Hast du dich schon einmal gefragt, was dir deine Krankheit, dein Unfall sagen möchte? Hast du dir schon einmal die Mühe genommen, dich vor dem Griff zum schmerzlindernden Medikament genau in den Schmerz hineinzufühlen und dich zu fragen, was er will?

---

*) Da leider genau umschreibende Worte fehlen, steht in diesem Buch das Wort PSYCHE für den Teil, der mit dem physischen, grobstofflichen Körper stirbt, und SEELE für den unsterblichen Teil.

Jedes noch so kleine Wehwehchen möchte dir etwas erzählen, dir zeigen, wo und was nicht ganz stimmt. Ob du dich nur ein ganz klein wenig in den Finger schneidest, oder ob du reichlich havariert mit einer Grippe im Bett liegst, — immer ist es eine Mitteilung deiner Seele. Ob du jahrelang von chronischen Schmerzen geplagt wirst, oder ob sich dunkle Wolken an deinem «Gesundheitshimmel» zusammenziehen...
Immer ruft deine Seele um Hilfe!

Mit dem vorliegenden Buch versuche ich, dir, mein lieber Bruder, und dir, meine liebe Schwester, einen Sprachkurs in «Seelisch» anzubieten. Es ist nicht so schwierig wie das Erlernen einer Fremdsprache. Wir konnten diese Sprache alle schon einmal. Trotzdem braucht es ein bisschen Geduld, Durchhaltewille und Übung. Der Lohn ist umso höher, je intensiver du an dir arbeitest. Immer reiner und klarer werden die Gedanken, immer reiner und widerstandsfähiger dein Körper. Deine Beziehung zu Krankheit und Unfall wird sich ändern und Kranksein wird für dich kein Hemmnis, sondern ein Weitergehen sein.

Es kann beginnen, das Abenteuer Krankheit — das Abenteuer Leben!

# GEBRAUCHSANWEISUNG

Es ist ein Vorteil, wenn du zuerst einmal das ganze Buch durchliest, auch Krankheitsbilder, die nicht speziell für dich sind. So hast du eine Übersicht und weisst schneller, wo du was findest. Auch sind oft Anmerkungen, Tips und Ideen darin enthalten, die nicht nur zu der jeweils aufgeführten Krankheit gehören.

Und nun ist es am besten, wenn du alle deine Leiden, deine Verletzungen, deine Schmerzen, auch die kleinsten, für dich im Moment unbedeutendsten aufschreibst. Nun kommen noch die hervorragenden Gefühle und Verhaltensmuster dazu, und nun schlag im «Wörterbuch» nach, fasse zusammen und denke darüber nach. Hab Mut zu eigenen Gedanken, zu eigenen Kombinationen, spiel Detektiv. Sei grosszügig im Denken, klammere dich nicht an meinen Worten fest. Ich brauche sie vielleicht ein bisschen anders als du, weil ich aus einer anderen Familie, aus einer anderen Gegend oder gar aus einem anderen Land komme.

Denke selber, hab den Mut, aus zwei, drei, vier Krankheitsbildern genau das herauszufiltern, was für dich das Richtige ist. Das braucht schon ein bisschen Übung. Bist du ehrlich mit dir, kann gar nichts schief gehen. Du bist auf dem richtigen Weg.

Aber Achtung — genau da liegt die Gefahr:

***Sei ehrlich mit dir!***

Du kannst dir gar nicht vorstellen, wie oft wir uns jeden Tag selber belügen. Immer nur ein ganz klein wenig, nur eben so viel, dass wir es fast nicht mehr realisieren. Genau dieses bisschen wirkt wie ein Zerrspiegel in einem Lachkabinett. Wir sehen alles zu gross oder zu klein, krumm oder schief, nur nicht in der richtigen Grösse und Form. Und es passiert genau das, was auf keinen Fall passieren dürfte: Du verstehst falsch und gehst erst recht in die Irre.

Stell dir vor, auf deinem Weg kommst du zu einem total verbogenen Wegweiser; er ist unbrauchbar, kann dir den Weg nicht mehr weisen, mühsames Suchen beginnt. Deswegen oberstes Gebot:

***Sei ehrlich zu dir!***

*Ein Garten mit Licht und Schatten… und all das bist DU!*

Erschreckt dich der Blick in den Spiegel? Ist es zu tief, zu dunkel oder zu viel auf einmal? Hab Mut! Hell und Dunkel gehören zusammen. Beginn in einem kleinen Winkel. Es muss ja nicht unbedingt die dunkelste Ecke sein, mit der du beginnst. Auch wenn der erste Schritt noch so klein und zaghaft ist; bravo — du gehst vorwärts!

Du kannst dir vielleicht die Folgen einer «Jubel-Trubel-Heiterkeits-Party» vorstellen; am darauffolgenden Morgen kannst du den Raum auch nicht in einem Fingerschnippen aufräumen.

Fang irgendwo an, wo spielt keine Rolle. Aber Anfangen wär nicht schlecht. Was meinst?

Unser liebes inneres Wesen macht es uns einfach. Fast immer verwendet es für das gleiche Unwohlsein die gleichen Symptome. Leider gibt es auch hier Ausnahmen. Ausnahmen! Denk bitte nicht jedesmal gleich, dass ausgerechnet DU die Ausnahme bist. Schau dich genau und ehrlich an.

Normalerweise haben wir ja auch nicht nur ein Symptom. Bei einer Grippe hast du vielleicht Fieber, Husten und Halsschmerzen, oder du hast Schnupfen, Kopf- und Gliederschmerzen etc. Schau dir alle Symptome an, auch die ganz kleinen, «unwichtigen». Du hast somit die Möglichkeit, eine viel genauere «Seelendiagnose» zu stellen, als wenn du nur das Hauptsymptom betrachtest.

Achtung! Das «Diagnosestellen» hat absolut nichts mit einer medizinischen oder psychiatrischen Diagnose zu tun!

Je stiller du bist und je weniger du dich mit äusseren Dingen (Radio, Fernseher etc.) ablenkst, desto schneller verstehst du deine Seele. Wenn du lernst, schon die feinsten Zeichen zu verstehen, musst du gar nicht mehr sooft krank werden. Chronische Schmerzen können weniger und weniger werden bis zum Verschwinden auf «Lebzeiten».

Sei dir aber klar, wenn du diesen Weg gehst, dass dir der Spiegel immer und immer wieder vor die Nase gehalten wird. Du siehst dich darin ungeschminkt, so wie du bist, mit all deinen dunklen und hellen Seiten, in absolut unverfälschter Offenheit und Nacktheit. Lügen bringt nichts, Flucht auch nicht; deine nächste Prüfung (Unfallrisiko, Infektionsgefahr etc.) kommt so sicher wie der nächste Morgen.

Klar ist es richtig, wenn du sagst: niemand kann und soll mich zwingen, mein Sein, meine Gewohnheiten, meine Liebhabereien und vielleicht sogar meine Lebensweise zu ändern. Es soll dich auch niemand zwingen, niemand hat das Recht dazu.
Erst wenn du siehst, dass sich eine Änderung lohnt, wenn du in dir spürst, dass **jetzt** der richtige Moment dazu da ist, zögere nicht. Nimm die kleinere oder grössere Anstrengung auf dich und unternimm den ersten Schritt.

## MITLEID — MITGEFÜHL

Mitleid haben — ach, der Arme, warum wird er vom Schicksal nur so hart bestraft etc.; das ist alles falsch am Platz und hilft dem kranken Menschen nichts. Hilfe im Geistigen **und** Praktischen, Zeit für ein klärendes Gespräch (Nicht nur ein ausführlicher Bericht der ganzen Krankengeschichte inklusive dem des Bettnachbarn links und rechts und irgendeiner entfernten Tante!), Mitgefühl, praktische Hilfe (Einkaufen gehen, irgendetwas erledigen, Essen kochen etc.), ja sofort! Aber etwas muss dabei sein: Der Kranke muss bereit sein, etwas loszulassen, bereit sein zu akzeptieren, dass seine innere Lebenshaltung nicht ganz richtig oder gar falsch ist. Er muss bereit sein, seine innere, falsche Haltung aufzugeben. Mithelfen, bereit sein, an sich arbeiten!

Tönt schon ein bisschen hart, aber schau dich um, vielleicht auch dich selber an: wieviele brauchen ihr Kranksein, um irgendetwas zu erreichen, um sich vor irgendetwas zu drücken (Flucht), als Waffe, als Druckmittel, um Mitleid zu erheischen...
Es liessen sich noch viele negative Gründe und Aspekte des Krankseins aufzählen. Viele wollen auch ihre gutgehütete Krankheit gar nicht aufgeben, weil Kranksein für sie sehr «nützlich» ist.

Wenn ein Mensch nicht bereit ist, wenigstens ein klein, klein bisschen an sich zu arbeiten... Schade um die verschwendete Energie.

Hab aber bitte mit dir und den andern viel, viel Geduld; das Umdenken und Umlernen erfordert schon seine Zeit.

Hart sein erzeugt nur Widerstand; lass dein Herz sprechen, nicht deine Erziehung!

Bemühe dich, die Missstände in DIR abzubauen; das stille Vorbild ist und bleibt der beste Lehrmeister.

Es ist wichtig, dass wir unserem wahren Ich immer näher kommen, dass wir uns reinigen, unser wahres Ziel erkennen und ihm entgegensehen.

Immer und immer wieder müssen wir uns bemühen, den Haufen Unrat, der auf unserer Seele liegt, abzutragen. Unseren lieben Edelstein auf Hochglanz zu polieren, so dass alle Facetten in allen Farben leuchten können.

Hast du verstanden und gibst dir Mühe, die Missstände in dir abzubauen, versuchst du die falschen Verhaltensweisen zu ändern, so ist es dir nicht mehr «verboten», etwas gegen die Krankheitssymptome zu unternehmen. Schulmedizin, Pflanzen-Heilkunde, Akupunktur oder sonst eine helfende, schmerzlindernde Behandlung oder Therapie ist für jeden nach seinem persönlichen Empfinden das Richtige.

***Dieses Buch möchte niemanden von einer bestehenden Therapie oder einem notwendigen Arztbesuch abhalten!***

Im Gegenteil; arbeite mit deiner Krankheit, schau sie dir genau an. Frag den Arzt nach dem genauen Befund. Auch versteckte, für dich im Moment nicht sichtbare Symptome sowie die medizinische «Ursache» einer Krankheit können für dich und dein «Suchespiel» wegweisend sein.

Die Worte «chronisch» und «unheilbar» sollten viel sparsamer und vorsichtiger gebraucht werden. Es sind Worte, die sehr viel Unheil anrichten können, denn sie setzen sich im Unterbewusstsein fest und können somit eine mögliche Heilung verhindern.

Hör gut zu… eine leise Stimme spricht in dir. Du kannst sie mit deinen Ohren nicht hören. Du kannst sie fühlen, spüren, erahnen…
Lege deinen Intellekt, dein althergebrachtes Denken, all dein bisheriges und aus Büchern gelerntes Wissen für eine Weile zur Seite… und fühle…
(Du kannst nachher alles, was noch übriggeblieben ist, wieder aufnehmen!)…

*… und dann weisst du!*

Lass dich führen. Dein Über-Ich, dein inneres Wesen, deine Seele weiss den Weg.

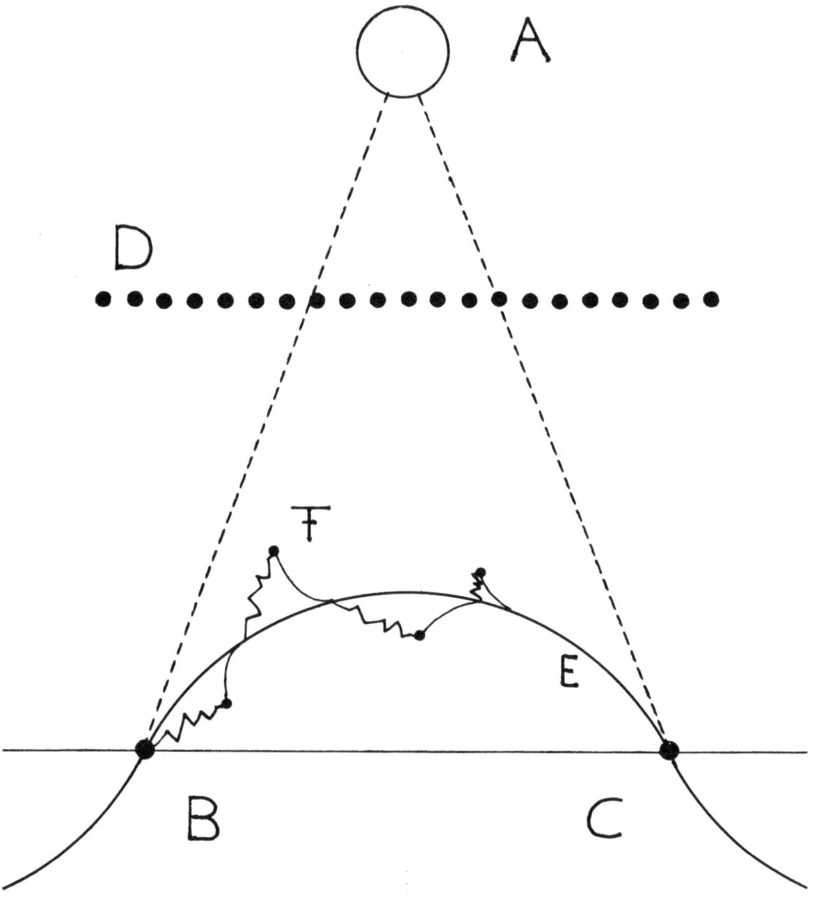
A
D
F
E
B
C

*Bildlegende*

A) Deine unsterbliche Seele, dein Über-Ich. Es sieht und weiss den wahren Weg.
(In der schematischen Darstellung ist der Weg als schöne gerade Linie gezeichnet. Das heisst aber nicht, dass der Weg, den deine Seele für sich ausgewählt hat, in einer so wunderschön ausgerichteten Kurve verläuft.)

B) Deine physische (körperliche) Geburt.

C) Dein physischer (körperlicher) Tod.

D) Blockaden und Schranken. Sie versperren die Sicht auf dein wahres Sein. Sie bestehen aus:
einseitig intellektuellem Denken; Erziehung; Unterbewusstsein; Nichtkennen und Nichtbeachten der Naturgesetze, der kosmischen und göttlichen Gesetze; dogmatische Lebenseinstellung; etc.

E) Diesen Weg, diese Erfahrung möchte deine Seele in dieser Inkarnation (in diesem Leben) machen.

F) Der Weg deiner Vergangenheit. Jeder Punkt zeigt eine Krankheit, einen Unfall, einen Verlust oder sonst eine «Katastrophe» an. Jedesmal wollte ES dich zur Umkehr bewegen, dir zeigen, dass du dich auf einem Irr- oder Abweg befindest. Immer wieder bist du abgeirrt, immer wieder wollte dir deine Seele den Weg zurück zeigen.

Hast du gelernt, die Sprache deiner Seele zu verstehen, sind deine Umwege nicht mehr so weit und irreführend. Es müssen nicht mehr so drastische Dinge geschehen, um dich zur Umkehr zu bewegen. Das Resultat ist leicht zu erraten: viel weniger Krankheit, viel weniger Unfall, viel weniger, was dir quer kommt.

Ein Gedicht aus der «*GITANJALI*» von *Rabindranath Tagore* sagt mehr als tausend Worte:

*Er, den ich mit meinem Namen nenne,*
*trauert tief in seinem Kerker.*
*Und stets geschäftig türm' ich*
*weiter Steine rings um ihn herum.*
*Doch wie die Mauer in den Himmel*
*steigt,*
*so Tag um Tag verliere ich*
*im Dunkel ihres Schattens,*
*mehr vom Ausblick auf mein wahres*
*Selbst.*

*Ich bin so stolz auf diese hohe Mauer*
*und übertünche sie mit Staub und Lehm,*
*dass nicht der kleinste Ausguck*
*übrigbleibe.*
*Und so — bei aller meiner Mühe —*
*verliere ich den Ausblick auf mein wahres*
*Sein.*

# RECHTS UND LINKS

Links und rechts — rechts und links,
links weiblich — rechts männlich,
rechts weiblich — links männlich...
Was stimmt jetzt?

Sicher hast du schon irgendwo gelesen oder gehört, dass rechts männlich und links weiblich ist. Das stimmt auch. Umso verwirrender wird es nun, wenn uns die Seele ihre Bedürfnisse genau umgekehrt mitteilt.

*Also: Links = männlich* *rechts = weiblich*

Vielleicht hilft dir die nachfolgende «Eselsbrücke», das Ganze besser zu verstehen und vorallem besser zu behalten.

Ein Gegenstand wird durch die Linse im Auge (Materie) «verkehrt» auf die Netzhaut projiziert. Genau dasselbe passiert, wenn du ein Vergrösserungsglas in einem gewissen Abstand von einem Objekt entfernt hältst: das Objekt wird auch durch die «Materie» «verkehrt».

Wissenschaftlich, durch den Intellekt erkennend, passiert genau dasselbe. Die mit der linken Hirnhälfte aufgenommenen Impulse werden «seitenverkehrt» wiedergegeben.

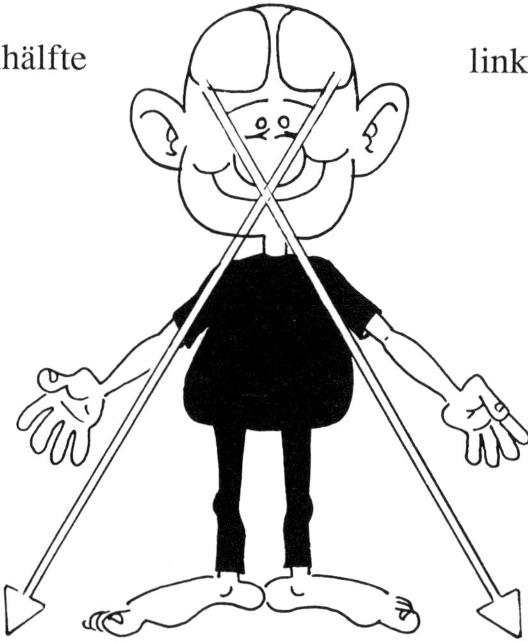


Anders verhält es sich nun, wenn uns die Seele etwas mitteilen möchte.

Die rechte Hirnhälfte empfängt intuitiv die feinstofflichen Schwingungen und gibt sie direkt, das heisst, ohne einen durch die Materie bedingten Seitenwechsel, dem Körper weiter.

Das hilft dir herauszufinden, welche deiner Hälften, die männliche oder die weibliche, zu kurz kommt, zu stark ist, überfordert oder überbelastet ist.

Es hilft dir auch, schneller die Richtung zu finden, wenn du einen «Störsender» suchst. Vor allem bei Babies und Kleinkindern ist dies ein sehr wichtiger Puzzlestein.

| | |
|---|---|
| *Links = männlich* | *rechts = weiblich* |
| *Links = Papa* | *rechts = Mama* |

Etwas darfst du jedoch nie vergessen, auch wenn du die Person, die den «Störefried» spielt, gefunden hast: es liegt einzig und allein an dir, dich zu ändern (Babies ausgenommen)! Niemand und nichts ist daran schuld, wenn es dir nicht gut geht. Stört dich jemand, ist dir irgendwer oder irgendetwas im Weg, so ist es **dein** Verhalten, das zu dieser Störung führt.

Aber auch hier gibt es, wie könnte es anders sein, Ausnahmen. Bei diesen Ausnahmen handelt es sich jedoch meistens um Situationen, die nur langfristig, das heisst, einfach nicht sofort geändert werden können. Hab bitte ein bisschen Geduld. Gib nicht sofort auf, wenn sich nicht schon beim ersten Versuch alles in himmelblaue und rosa Wölkchen auflöst. Setz dir ein Ziel, geh darauf zu…

Und hast du schon einmal versucht zu beten? So wie es aus dir herauskommt, ohne Scheu? Vielleicht verstehst du auch das Wort meditieren besser. Beten und Meditieren sind wie Zwillingsschwestern; nur wer sie gut kennt, kann sie mit Sicherheit unterscheiden. Ein intensives Gebet vor dem Einschlafen um Hilfe und einen «Wegweiser» wird nie überhört. Was für dich bleibt, ist aufmerksam und wachsam zu sein, damit du das dir Gezeigte nicht übersiehst.

Eine andere Ausnahme sind die karmischen Verbindungen. Sie sind da, damit unsere Seele daran wachsen und reifen kann, damit sie sich weiterentwickeln kann und, je nach Notwendigkeit, Begebenheiten eventuell aus vergangenen Leben abbauen kann.

Ich möchte aus dem Buch von *Gernot Brückner**) einen kurzen Auszug wiedergeben:

*«Was ist also Karma? Der Begriff Karma schliesst vieles ein. Ein Karma ist letztlich alles, was uns an die Materie bindet — oder anders ausgedrückt — es ist etwas, was uns vom Göttlichen trennt.*

*Das Karma ist eine Folge von Ursachen. Das Leben ist eine Folge von Ursachen.*

(Frage des Gesprächspartners von Claude:)
*Das heisst, das es nichts gibt, was nicht dem Gesetz des Karmas unterworfen ist — sei es hier auf der irdischen Ebene, sei es auf anderen Ebenen?*

*So ist es. Auf allen Existenzebenen können Ursachen geschaffen werden. Also gibt es auch überall dort Karma, das heisst Wirkungen dieser Ursachen. Und die einzelnen Ebenen hängen zusammen und gehen ineinander über. Man kann nicht streng zwischen der einen und der anderen Ebene trennen. Ursachen aus einer Ebene haben Auswirkungen auf eine andere.»*

---

*) Gernot Brückner; Gespräche mit dem Unbekannten, Zweiter Band: Die Transformation der Materie; ITV Verlag GmbH Aschau

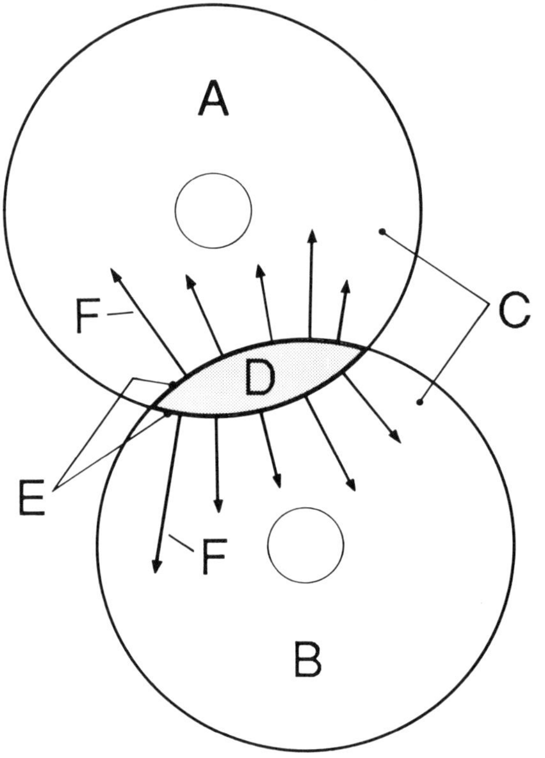
A
C
F
D
E
F
B

*Bildlegende*

A) Das bist du.

B) Das ist dein Nebenan: dein Partner, ein Elternteil, dein Kind, dein Mitarbeiter, dein Chef, dein Nachbar oder wer auch immer.

C) Dies ist der persönliche Bereich von jedem.

D) Die Überschneidung der persönlichen Bereiche. Das heisst die Kommunikationsebene. Sie ist sehr variabel, je nach der «Tiefe» der Beziehung und der momentanen persönlichen Bereitschaft, wie weit man sich in der Beziehung geben möchte.

E) **Sehr wichtig!**
Die Grenze des Kommunikationsbereiches zum persönlichen Bereich.

F) Nicht erlaubte Grenzübertritte:
Störung der persönlichen Sphäre; Einmischung; nicht erwünschte Ratschläge; Beeinflussung; geistige «Vergewaltigung» etc.

Indem du ganz deutlich und klar mit einer Ich-Botschaft (ich fühle so...; für mich sieht es so und so aus...; ich mag nicht, wenn...; mich stört es... etc.) kundtust, wo deine Grenzen sind, wirst du viel weniger gestört werden. Übertritt der andere deine gutgezeichnete Grenze, ist er wirklich selber schuld, wenn er aus der verbotenen Zone hinausgeworfen wird. Es ist kein Grund da, auf Böse- oder Beleidigtsein des «Fehlbaren» Rücksicht zu nehmen. DU lebst DEIN Leben, DU fühlst die Schmerzen, wenn du infolge ständiger Grenzverletzungen krank wirst. DU musst dich in DEINEM Leben zurechtfinden, niemand kann dir die Verantwortung abnehmen.

Es ist jedoch deine Pflicht, deine Grenzen ganz, ganz deutlich zu markieren. Sie so sichtbar zu zeichnen, dass sie niemand übersehen kann.

Und jetzt halte dich auch daran; übe dich darin, die Grenzen deines Nächsten zu sehen, zu erfühlen und erlaube dir nie, selber die Grenzen des anderen zu verletzen. Nie darfst du unaufgefordert in die intime Zone des anderen eindringen, sonst musst du auch in Kauf nehmen, dass du, unter Umständen auf recht rabiate Weise, hinausgeschmissen wirst.

Lass dir und den anderen genügend Zeit, um sich an dein neues Sein zu gewöhnen.
Sei bei kleineren und grösseren Übertretungen grosszügig, verzeihend und nicht nachtragend, aber konsequent!

*Wie ich dir begegnen möchte*

*Ich möchte*
*dich lieben, ohne dich einzuengen;*
*dich wertschätzen, ohne dich zu bewerten;*
*dich ernst nehmen, ohne dich auf etwas festzulegen;*
*zu dir kommen, ohne mich dir aufzudrängen;*
*dich einladen, ohne Forderungen an dich zu stellen;*
*dir etwas schenken, ohne Erwartungen daran zu knüpfen;*
*von dir Abschied nehmen, ohne Wesentliches versäumt zu haben;*
*dir meine Gefühle mitteilen,*
*ohne dich für sie verantwortlich zu machen;*
*dich informieren, ohne dich zu belehren;*
*dir helfen, ohne dich zu beleidigen;*
*mich um dich kümmern, ohne dich ändern zu wollen;*
*mich an dir freuen, so wie du bist.*

*Wenn ich von dir das Gleiche bekommen kann,*
*dann können wir uns wirklich begegnen*
*und uns gegenseitig bereichern.*

*Ein Wandspruch in einem englischen Souvenirladen*
*Übersetzung: Mathias Güldenstein*

# WORTE, SCHWINGUNGEN UND IHRE WIRKUNG

Beachte die Sprache, Ausdrücke, Sprichwörter, geflügelte Worte, Worte, die im Moment «in» sind. Nimm sie einmal auseinander. Beobachte dich daraufhin, was du sagst. Sehr oft drücken Redewendungen viel mehr aus, als wir uns überhaupt bewusst sind.

Ein Beispiel:
Du gehst zum Arzt und er fragt dich: *Wie geht es Ihnen?* Im Idealfall ganz einfach: sein inneres Wesen möchte sich bei deiner Seele erkundigen: Kommst du vorwärts? Engt dich dein Kleid (Körper) zu sehr ein, oder hast du genügend Bewegungsfreiheit, um weitergehen zu können?

Ein anderes, ähnliches Beispiel:
Du gehst zum Arzt und er fragt dich: *Was fehlt Ihnen?*
Ja, was fehlt? Innere Ruhe, Toleranz, Gleichmut (Ja nicht zu verwechseln mit Gleichgültigkeit!), Ausgeglichenheit, innerer und äusserer Friede? Es liesse sich bestimmt eine ganze Seite mit Fehlendem füllen. Das lohnt sich aber nicht. Suche bei dir und du wirst das Wichtigste für dich sicher sehr bald finden.

Was immer fehlen mag, die Seele befindet sich nicht im Gleichgewicht. Dieses Gleichgewicht lässt sich einfach nicht mit einem Medikament oder irgend einem Kräutlein wieder herstellen.

Joga, Tai Chi, kreatives Tanzen und noch vieles mehr helfen dir, deine Kopflastigkeit, dein Eng-sein, dein «Aus-dem-Gleichgewicht-sein» abzubauen. Sie helfen dir, dich selber kennenzulernen, Harmonie und innere Ruhe aufzubauen. Sie helfen dir, dein inneres Selbst klarer zu erkennen und die Sprache deiner Seele schneller und besser zu verstehen.

*Nur intensives Wollen und ehrliche Arbeit an dir selber führen zum Ziel.*

Aber zurück zur Sprache:
Worte haben ihren Ursprung in Gedanken. Beginn bei der Quelle.
«Mir stinkt's!», «Ich bin sauer!», erniedrigende Gedanken erzeugen negative Schwingungen, die sich rings um die Erde ziehen und alles, Tier, Mensch und Pflanze einhüllen. Wenn's nur einem oder zwei Menschen «stinken» würde, würde nicht viel passieren. Sind es aber Tausende, Millionen, so hat das eine verheerende Wirkung.

Bei Angst, Aggression, Brutalität passiert genau dasselbe. Niedere, grobe Schwingungen werden ausgesandt, Pflanzen, Tiere, Menschen befinden sich Tag und Nacht in einer Wolke negativer Schwingungen. Sie werden niedergedrückt von der Last der Negativität.

Wie wir duch ein verschmiertes, schmutziges Fenster den Sonnenschein nicht mehr richtig und klar sehen können, erkennen wir durch diese dunkle, negative Wolke das Schöne, das Lichte, das Aufbauende und Erhebende nicht mehr. Wie ein Wirbel in einem Fluss zieht uns das Negative an, zuerst unmerklich, dann immer schneller und schneller, immer tiefer und tiefer.

Sind wir selber schon in einer niedergedrückten Stimmung, in einer negativen Schwingung, braucht es, um nicht in die Tiefe gerissen zu werden, so viel Energie, wie wir sie leider selten zur Verfügung haben. Es ist fast nicht notwendig, die Auswirkungen alle aufzuzählen, wir kennen sie alle nur allzu gut. Unlustgefühle, Niedergeschlagenheit, Depression, Streit, Schlägerei und was der ungemütlichen Dinge mehr sind, manifestieren sich, breiten sich aus und stecken an. (Schlechte Laune und Aggression übernehmen, Massenschlägereien, Massenhysterie etc.)

Pflanzen reagieren mit schlechtem Wachstum, Krankheit oder Parasitenbefall auf zu niedrige Schwingungen. Sie brauchen so viel Energie, um in ihrer gewohnten Schwingung zu bleiben, dass sie einfach keine Kraft mehr haben, um sich auch noch gegen Parasiten und Krankheiten zu wehren.

Wände halten negative Schwingungen leider nicht auf. Sie schleichen sich in deine Wohnung, ob du willst oder nicht. Du hast jedoch die Möglichkeit, zu niedrige Schwingungen duch positives Denken, durch Licht- und Heilmeditationen, durch kreatives Tun, Musizieren (bitte keine destruktive, negative Musik!), Gebet, innere Fröhlichkeit (keine alkoholisierte, künstliche Lustigkeit!), lauter Quellen hoher und höchster Schwingungen, auszugleichen. Schaffe eine wohlige Atmosphäre in deinem

Raum. Reinige deine nächste Umgebung und somit einen kleinen Teil dieser wunderschönen Erde mit lichten Gedanken und liebenden Gefühlen.

Der grösste Mammutbaum hat als kleines Samenkorn angefangen. Frage nicht, wie weit dein Licht leuchtet. *Leuchte!*

Dauernd negativen, niedrigen Schwingungen ausgesetzt sein und trotzdem immer gute Laune haben erfordert fast übermenschliche Kräfte. (Aber wir sind ja alle Super-Men und Super-Girls; du etwa nicht?)

*Tu auch etwas; es lohnt sich!*

Noch ein kleiner Geheimtip:
Licht- und Reinigungsmeditationen machen uns fast zu «Supermenschen».

Schimpfen auf die vielen anderen, die diese stickige, saure Atmosphäre verbreiten, bringt auch nichts. Denn Schimpfen und Lästern über die andern ist ja auch nicht besonders positiv. Die einzige Möglichkeit und auch der einzige gangbare Weg ist, bei dir selber anzufangen.

Weise ganz bewusst negative Gedanken und negative Handlungen von dir und wandle sie in Positives um. Das heisst nicht, heuchlerisch alle dunklen Seiten in dir zu verdrängen — wir haben sie alle noch —, sondern sie erkennen, damit arbeiten und sie somit in Schranken halten können. Positiv und glücklich sein ist, Gott sei Dank, ansteckend!

Niedere Schwingung | Mittlere Schwingung | Hohe Schwingung

Negative Gedanken, Angst, Geiz, Gier, Brutalität, sich niederen Trieben und Gefühlen hingeben.

In der mittleren Schwingung fühlen sich Pflanzen, Tiere und Menschen wohl. Gefühle und Triebe beherrschen.

Meditation, Gebet, erhebende Gedanken, universelle Liebe, Schönheit, über Gefühlen und Trieben stehen.

# LOSLASSEN

Beim Durchlesen dieses Buches wird dir das immer wiederkehrende Wort *loslassen* sicher auch bald auf die Nerven gehen. Vor allem, was heisst das: LOSLASSEN?

Sich von Altem trennen, einen Schlussstrich ziehen; Trennung von einem lieben Menschen nicht als Katastrophe, sondern als Weitergehen betrachten; bereit sein, altes Denken und alte Gewohnheiten aufzugeben — das ist loslassen.

Ein Übel, an dem in der heutigen Zeit, vorwiegend in den zivilisierten Ländern sehr, sehr viele Menschen leiden, ist das «Nicht-im-Moment-leben», das «Nicht-hier-sein». Immer in der Vergangenheit oder in der Zukunft leben ist Verursacher von sehr vielen Leiden. In diesem Zustand verpasst du das JETZT, das SEIN.
Rufe dir immer und immer wieder in Erinnerung, dass du JETZT und HIER, genau in dieser Sekunde lebst. Nimm wahr, was um dich vorgeht. Fühle, was in dir, mit dir, um dich in diesem Augenblick passiert. Schlafe und träume, wenn du wirklich schläfst und nicht, wenn du wach bist.

Versuche es einmal:
Setz dich irgendwohin, wie es dir passt, wie du willst. Vergiss für den Moment alles, was du über Meditation, Energiefluss und was der Dinge mehr sind, weisst. Dieses Wissen ist im Moment überflüssig.

Achte auf deinen Atem. Kontrolliere ihn nicht; fühle, schau und hör einfach zu. Geh deinem Atem nach. Wohin geht er? Was löst er in dir aus? Fühle, wie sich die Lungen weiten und wieder zusammenziehen. Fühle, wie sich dein ganzer Oberkörper deinem Atemrhythmus anpasst.

Was passiert in deinem Bauch? Geh mal dort ein bisschen spazieren. Spielerisch, ohne Plan, ohne Ziel und vor allem, ohne daraus eine Energie- oder Entspannungsübung zu machen. Sei einfach da und fühle.

Geh in deinen Rücken, deine Schultern, deinen Nacken. Du hast auch Arme und Beine, die zu dir gehören. Erforsche deinen Körper, erfühle ihn, so wie er ist.

Stört dich irgendwo irgendetwas, versuche durch eine Bewegung ein anderes Gefühl in diesen Teil hinein zu bekommen.
Beobachte, was dich stört. Ist eine Seite grösser als die andere? Ist dein Rückgrat nach der einen oder anderen Seite verschoben? Spürst du irgendwo Leere oder Überfülle? Schau es dir an, erfühle es; urteile oder kommentiere jedoch nicht! Beeinflusse nicht!

Halte die Reise in dich, wenn du willst, in mehreren Sitzungen ab; ein stundenlanges Ruhigsitzen in Lotosstellung ist dazu absolut nicht erforderlich. Was am Anfang jedoch dazugehört, ist: Ruhe, keine Musik, wenn möglich auch keine anderen Leute im Raum. Häng einen Zettel an deine Tür, auf dem du allen Anwesenden mitteilst: BITTE NICHT STÖREN! Bitte deine Mitbewohner, ihren Musikhunger einmal etwas leiser zu stillen, damit du dich auf dich und nicht nur auf heisse Rhythmen konzentrieren kannst. Bearbeite Telefon und Hausglocke so, dass du nicht gleich einen Schock bekommst, wenn es klingelt.

Hast du deine innere «Weltreise» beendet, geh weiter. Erfühle die Haut, die Haare, die Finger- und Zehennägel. Fühle die Schleimhäute in deiner Nase und wie die Luft daran vorbeistreicht. Erlebe, dass du nicht bei deiner Haut aufhörst. Fühle die Haare auf deiner Haut. Geh noch ein bisschen weiter in deinen Astralkörper. Wie ein unsichtbares Kleid, wie eine zweite grössere Haut hüllt er den Körper ein.
Wie fühlt er sich an? Warm, weich, licht? Oder kalt und leer? Streiche mit deiner Hand etwa fünf bis zehn Zentimeter über deinen Körper, deine Arme, deine Beine. Variiere den Abstand, bis du die Höhe deines Energiekörpers gefunden hast. Ertaste ihn; er ist nicht immer und überall gleich. Wo spürst du dichtere, wo leerere Stellen? Wo ist es wärmer, wo kühler? Auch bei diesem Fühlen ist kein Ver- oder Beurteilen notwendig. Erlebe es, geniesse es: *Das bist auch DU!*

Geh weiter, in deine Umgebung. In das, was um dich, in deiner nächsten Umgebung ist. Wie fühlt sich das «Rund-

um-dich» an? Ist es ruhig? Warm? Kalt? Bewegt? Unangenehm?
Wenn du einfach bist, deinen Gedanken sagst, dass du einmal mit dir allein sein möchtest, sie wie Wolken an dir vorbeiziehen lässt und dich ja nicht an ihnen festhältst, nicht daran klammerst, dann erlebst du das Gefühl von SEIN, von DA-SEIN. In diesem Zustand kannst du dich von Altem lösen. Er ist das A und O des Loslassens. In diesem SEIN kannst du auch Ruhe und Frieden finden und über den dich störenden Dingen stehen.

Wenn du diese Übung einige Male im stillen Kämmerlein gemacht und ihre Wirkung erlebt hast, versuch es einmal unterwegs. Zuerst in ruhiger Umgebung, auf einer Bank, an einem Ufer, im Wald, auf einem nächtlichen Spaziergang, in einer Kirche. Fortgeschrittenere können es auch in einer Strassenbahn, in einer Gaststätte oder anderswo ausprobieren. Sobald du dich unwohl fühlst, brich die Übung sofort ab.

So..., du hast die ersten Schritte im Hier und Jetzt gemacht. Nimm dieses Sein mehr und mehr in deinen Alltag hinüber. Verrichte deine tägliche, gewohnte Arbeit in diesem Zustand. Erlebe sie neu. Wie fühlt sich zum Beispiel beim Abwaschen das Wasser an? Bewege das Geschirr im Becken, erlebe die Strömungen und Wirbel, die die Bewegung hervorruft. Versetze dich in deine Kindheit, als du zum ersten Mal mit diesem Element in Berührung gekommen bist. Es macht nichts, wenn du dich nicht zurückerinnern kannst; stell es dir einfach vor.

*Jede Arbeit, jedes Tun – entdecke es neu!*

Übe genau das Gleiche mit deinen Augen. Lerne, neu zu sehen. Den kleinen Fleck an der Wand, die Leute auf der Strasse, die Sonne oder die Wolken vor deinem Fenster, den grau verhangenen Himmel. Schau in das Grau hinaus. Bestimmt siehst du irgendwo einen helleren Streifen. Erfühle ihn dir. Ist er lang und schmal, fühle dich lang und schmal. Ist er unruhig, bewegt, versuche nachzufühlen, «nach-zu-sein». Geh mit, mach die Bewegung nach, sei für einen Moment Wolke.

Wie sich die Wolke wohl fühlt? So viele schimpfen über das schlechte Wetter, über das Grau; und die Wolke gibt sich doch alle Mühe, ein schönes Grau zu sein! Hast du gewusst, dass, wenn du alle Farben zusammennimmst, Grau daraus entsteht? Erahne die Farben im Grau.

Spiel wie ein Kind!
Niemand verlangt von dir, wie ein brummendes Flugzeug in der Gegend herumzusurren – aber sei einmal in dir ein brummendes Flugzeug oder ein fliegender Vogel!

Das sind nur wenige Beispiele. Suche selber!

*Sei DU!*

# ZWEITER TEIL

*Wenn du wissen willst,*
*ob etwas wahr ist,*
*so frage nur:*
*Ist es einfach?*
*Die Wahrheit ist immer einfach.*

*Nataraja Guru*

# ALLERGIE

Hier gibt es nur eine Frage: *Auf wen oder was bist du allergisch? Wen oder was erträgst du nicht?*
Nicht den medizinischen Auslöser musst du herausfinden, den weisst du ja ziemlich sicher schon, sondern die wirkliche Ursache. Einige kleine Beispiele erklären dir, was ich meine:

- Eine überängstliche Mutter hält Nachbars sauberes Kätzchen mit allen nur erdenklichen Mitteln von ihrem im Garten spielenden, ungefähr einjährigen Kind fern. In der Pubertät tritt bei diesem Kind eine Allergie gegen Katzenhaare auf.
  Die Ursache: die Überängstlichkeit und übertriebene Sauberkeit der Mutter lässt die natürliche, altersentsprechende Entwicklung ihres Kindes nicht zu. Das Kind wehrt sich gegen die Unterdrückung. Wird das Kind zu sehr unterdrückt, und kann es sich, auch nach der Pubertät, von den Eltern oder einem Elternteil (oder Bezugsperson) nicht lösen, kann die Allergie das ganze Leben hindurch mehr oder weniger in Erscheinung treten.

- Die Allergie einer Frau gegen Rottanne (Fichte) hat ihren Ursprung im Nichtmögen des häuslichen Weihnachtsrummels. Als sie sich von der alten Familientradition gelöst hatte und mit ihrem Mann und den Kindern Weihnachten in aller Ruhe nach ihrem Empfinden und ihren Bedürfnissen gefeiert hatte, verschwand die Allergie und hat sich auch Jahre nachher nie mehr bemerkbar gemacht.

- Ein junges Ehepaar zog als Herbergseltern in eine abgelegene Jugendherberge. Schon bald stellte sich bei der jungen Frau eine Allergie gegen den Hausstaub ein. Die grosse Verantwortung, der Wochenendstress, dass Alleinsein während der Woche und die von ihr nicht geliebte, nicht akzeptierte Arbeit waren die effektiven Auslöser.

Es ist eigentlich sehr einfach, fast zu einfach, als dass man es glauben könnte. Aber ein Versuch lohnt sich. Suche nach der Person, dem «Ding» oder dem Anlass, der dir so echt zuwider ist. Überlege dir, was dich so sehr daran stört — und ziehe die Konsequenzen.

Ist die Ursache deiner Allergie eine Person, versuche dein Verhältnis zu ihr zu ändern. Sag ihr in Ich-Botschaften, was du fühlst und was du möchtest. Sag ihr, wie das Zusammensein, das Zusammenarbeiten für dich richtig wäre. Löse dich von der Person, die dich mit ihrer «Liebe» einschränkt und dich nicht wachsen, nicht weitergehen lässt.

Die Ursache zu finden ist nicht immer so einfach wie bei den oben genannten Beispielen. Einfach weil du zu nah darauf sitzt. Lerne, dich von «aussen» zu beobachten, dein Sein besser anzuschauen.

Wenn du dich schon ein bisschen abgrenzen kannst und Kritik und offene Worte nicht scheust, frage auch Freunde und Bekannte. Sei aber vorsichtig mit deinem Fragen, lasse dich auf keinen Fall verletzen. Prüfe das Gesagte; was du annehmen kannst, nimm an und verarbeite es gut; was du nicht annehmen kannst, daran denk gar nicht mehr und wirf es sofort wieder «über Bord».

Hast du schlechte Laune, frag dich, woher und warum. Fühlst du dich nicht wohl in deiner Haut, suche die Ursache. Allergien haben ihre Ursachen immer in unangenehmen Situationen. Schau dich auch nach anderen Symptomen um, und vor allem schau dir die Art der Allergie genau an.

*Spiel Detektiv!*

Hast du den «Störsender» gefunden, ist es an DIR, die Situation zu ändern. Du hast die Möglichkeit, DICH zu ändern. Beim anderen kannst und darfst du nicht anfangen! Immer müssen wir bei uns selber anfangen, immer bei uns selber bleiben. Lerne, mit Ich-Botschaften dich den anderen zu zeigen, ihnen verständlich zu machen, was du für Bedürfnisse hast. Zeig ihnen deine Grenzen, bis wohin dein persönlicher Bereich geht.

Richtet sich deine Auflehnung gegen einen Elternteil oder einen Partner, mit dem du unter einem Dach wohnst, versuche im Gespräch, mit deinen neuerworbenen Erkenntnissen die Situation klar und deutlich darzulegen. Aber auch hier bitte nicht mit «du hast ...; du musst ...; du bist ...» beginnen, sondern mit «für mich sieht es so und so aus ...; ich fühle mich so ...; meine Bedürfnisse sind folgende ...; mich stört es, wenn ...; ich möchte das und das verändern, oder geändert haben ... etc.».

Nicht immer sind die Bedürfnisse beider Parteien auf einen Nenner zu bringen. Dann sollte es jedoch möglich sein, mit ein bisschen Toleranz, Grosszügigkeit und Verständnis einen Kompromiss, eine Lösung zu finden, die für beide annehmbar ist. Aber Achtung: Beide Parteien sollten grosszügig und entgegenkommend sein und keine sollte das Gefühl von «immer muss ich» haben.
Streiten bringt auch nichts. Dabei verhärten sich nur die Fronten. Ist ein Gespräch nicht fruchtbar, verschiebe es, mach Pause. Denk bitte nicht gleich beim ersten gescheiterten Versuch: es geht ja doch nicht. Liebe, Verständnis und Wollen öffnen dir alle Türen.

Hab Geduld und lerne immer mehr und mehr DU sein, bei dir zu bleiben und deine Grenzen zu markieren. Das zu lernen, ist ein längerer Prozess. Beobachte dich, übe dich bei jeder Gelegenheit, und du wirst langsam und sicher dein Vorwärtskommen realisieren.

Vergiss bitte nie:
*Du kannst dich ändern, deinem Nebenan aber kannst du nur Vorbild sein!*

«Meine Grossmutter war schon gegen Staub allergisch» ist vielleicht eine gute Ausrede, die Ursache ist es jedoch nie. Es streitet niemand ab, dass die einen anfälliger gegen dies oder jenes sind; das heisst aber nicht, dass du dein ganzes Leben lang die gleichen Leiden wie deine Vorfahren haben musst.

*Die Anfälligkeit für ein Leiden kann vererbt sein, das Leiden selber jedoch fast nie.*

Die Einstellung der Mütter und ihre Gedanken während der Schwangerschaft haben einen starken Einfluss auf das werdende Kind. Auch dieser Einfluss kann an einer sogenannten «Vererbung» schuld sein.

Bis du gegen deine Arbeit allergisch, frage dich, was dich daran so sehr stört. Wurdest du gegen deinen Willen zu dieser Arbeit gezwungen? Passen dir dein Vorgesetzter, deine Mitarbeiter, deine Umgebung nicht? Ist es für dich eine «Beleidigung», diese Arbeit zu verrichten? Oder ist es eine Ungerechtigkeit, dass du irgend etwas tun musst, für das du gar nicht angestellt wurdest oder nicht richtig bezahlt wirst? Oder ist die Arbeit unter deiner «Würde»?

Davonlaufen ist nicht immer die beste Lösung. Einverstanden, immer lässt sich ein Arbeitsplatzwechsel nicht vermeiden. Er sollte jedoch immer als letzte Notlösung angesehen werden.

Lies die Seiten 39 bis 42 nochmals durch und versuche, in dem Jetzt-Zustand deine Arbeit neu zu sehen. Übe dich darin, und du wirst sehen, dass dir deine im Moment vielleicht noch langweilige Arbeit bald mehr Spass machen wird. Mehr Spass an der Arbeit haben heisst aber nicht, sich ausnützen zu lassen. Gegen Ausnützung solltest du dich wehren.

Am Arbeitsplatz gilt das gleiche wie im privaten Leben: Wenn dir etwas nicht passt, wenn dich etwas stört, zeig es deiner Umgebung. Zeig es jedoch nicht, indem du schmollst oder ausrufst, sondern indem du mit Ich-Botschaften deine Grenzen, deinen persönlichen Bereich und deine Bedürfnisse ganz deutlich erkennbar machst.

Ärgert dich ein Mitarbeiter mit irgendeiner Angewohnheit oder mit seinem Verhalten, schau dich selber ganz genau an. Wir ärgern uns meistens nur über Dinge, die bei uns selber noch nicht in Ordnung sind. Also auch hier: bleib bei dir und räume in dir und um dich herum zuerst auf. Aber bitte nicht Weichling, «Softie» oder «Duckmäuser» sein. Zeig, wer du bist, und dass du zu dir stehst. Du bist ein wertvoller Mensch, viel zu schade, um ausgenützt oder kleingemacht zu werden.

Um herauszufinden, warum du gegen ein «Ding», einen Gegenstand oder ein Material allergisch bist, braucht es schon ein bisschen detektivische Fähigkeiten. Ein Beispiel erklärt dir, was ich damit meine:

Eine Frau ist allergisch gegen Gold. (Art der Allergie: offener, entzündeter Ausschlag an den Händen). Sie legt deshalb ihren goldenen Ehering weg; die Allergie verschwindet.
Die gefundene Ursache:
Eine nach aussen hin harmonische, für die Frau jedoch unerfüllte und unglückliche Ehe.
Entzündung zeigt unterschwellige Wut oder Aggression an. Die Frau wurde von ihrem Mann in der Weiterent-

wicklung, in ihrem Tun (Hände) gehindert. Die Trennung brachte die erhoffte Besserung.
Ein Versuch für ein verständiges, liebevolles Neuzusammenfinden wäre jedoch von Vorteil gewesen. Die Frau hätte damit ihre «Krankheit» Allergie abbauen können. Das hätte aber eine sehr intensive Arbeit am Selbst, eine Neueinstellung zum Partner und zur Partnerschaft von Mann und Frau erfordert. Flucht ist nicht Überwinden des Leidens. In einer ähnlichen Situation werden bei ihr immer wieder allergische Symptome auftreten.

*Wir haben immer die Wahl zwischen Flucht und Erkennen und Ändern.*

Notizen:

*Eine Indianerweisheit*

*Die alten Dakotas waren weise.*
*Sie wussten, dass das Herz*
*eines Menschen,*
*der sich der Natur entfremdet,*
*HART WIRD.*

*Sie wussten,*
*dass mangelnde Ehrfurcht*
*vor allem Lebendigen*
*und allem was da wächst,*
*bald auch die Ehrfurcht*
*vor dem Menschen*
*absterben lässt.*

*Weise Worte von*
*Luther Standing Bear*

# ARTHRITIS, ARTHROSE, RHEUMA, GICHT

*Arthritis*

Bitterkeit; Groll; Kritik; sich ungeliebt fühlen; Liebe nicht annehmen können.

*Arthrose*

Liebe nicht annehmen können; sich ungeliebt fühlen; unterschwelliges Beleidigt-sein; «immer ich»-Einstellung.

*Rheuma*

Liebe nicht annehmen können; sich selber zu wenig lieb haben; sich jahrelang über etwas oder jemanden ärgern; Ärger; Bitterkeit; Rachegefühl.

*Gicht*

Sich ungeliebt fühlen; Liebe nicht annehmen können; Stolz; Bitterkeit; herrschen wollen; beherrschen wollen; Geiz.

Alle diese Leiden haben eines gemeinsam: Sie entstehen aus langgehegtem, unterdrücktem Unwohlsein, langandauerndem Nichterfüllen der geheimsten Wünsche, übertriebener Eigenliebe oder durch die Unfähigkeit, sich selber annehmen, sich liebhaben zu können.
Unterschwelliges Verletzt-sein, langandauernder Groll, nagendes «Mit-sich-und-der-Welt-nicht-zufrieden-sein»

sind Ursachen dieser schleichenden Leiden. Der stete Tropfen Gift im Alltag.

Bei sich bleiben, an sich selber arbeiten, Hass, Groll und Kritik abbauen, die Einstellung «der andere sollte...» ändern, sind Lebenselixiere, für die an diesen Leiden Erkrankten.

Immer wieder zeigt sich, wie wichtig es für uns alle ist, das ICH-SEIN zu lernen und zu akzeptieren. Es hat nichts mit Ich-Bezogenheit und falschem Egoismus zu tun. Wenn du deinem Nebenan immer wieder die Grenzen zeigst, immer wieder dein inneres Wesen offenbarst, mit all deinen Gefühlen und Bedürfnissen, wird ein Zusammenleben für beide viel einfacher. Sei es eine tiefe, enge oder nur eine lose, oberflächliche Beziehung — immer ist das «Liebe-und-Hochachtung-zueinander-haben» etwas vom Wichtigsten. Genau so wichtig ist das Sich-zeigen und das Sich-zu-erkennen-geben.

Das Zeigen der Gefühle und Bedürfnisse ist nicht ein Blossstellen von sich selber; dein eigener Bereich ist und bleibt deine absolut persönliche Zone. Sogar der von dir meistgeliebte Mensch darf ohne deine Einwilligung nicht in diesen Bereich eindringen.

Lies nochmals das Kapitel *Du und dein Nebenan* Seite 28 bis 30 durch. Es beschreibt das Fundament der zwischenmenschlichen Beziehungen. Das Missachten dieser Grundsätze ist Ursache von sehr vielen, nicht nur der in diesem Krankheitsbild aufgeführten Leiden.

Ich weiss, am Anfang ist es ein bisschen mühsam, sein gewohntes Sein, seine Redeweisen und sein Denken umzustellen. Mit ein wenig Geduld und Wille hast du es jedoch sehr schnell erfasst, hast es in dir und fühlst dich wohl dabei.

Hast du dich bei einem Fehler ertappt, verzeih dir ganz schnell und versuche beim nächsten Mal nicht mehr darüber zu stolpern. Selbstvorwürfe bringen dich nicht weiter.

Am Anfang, wenn du mit dem Ich-sein beginnst, wirst du merken, dass deine Spontaneität und deine bis anhin vielleicht gehabte Schlagfertigkeit ein bisschen darunter leiden. Mach dir keine Gedanken darüber, denn sobald du den Schritt bewältigt hast und wieder mit beiden Füssen sicher auf dem Boden stehst, ist alles wieder da. Diesmal sogar in der richtigen Form, so dass es dir und den anderen keinen Schaden mehr zufügen kann.

Gefühle wie «Niemand hat mich lieb; immer ich; alle trampeln auf mir herum; niemand versteht mich ...» spiegeln die Einstellung wider, die du zu dir selber hast.

*Hab' dich lieb, akzeptiere dich so wie du bist. Du bist ok!*
( Auf gut deutsch: Du bist in Ordnung)

Ein kleiner Geheimtip:
Feiere jeden Tag ein kleines Fest, ganz für dich alleine, wenn's dir Spass macht, natürlich auch mit anderen, aber immer für dich! Du wirst sehen, dass das Feiern am Anfang gar nicht so einfach ist. Lerne es wieder!

Feiern, das heisst nicht, wenn du vielleicht schon ein bisschen rundlich bist, noch einen weiteren Kuchen in dich reinzustopfen oder noch ein Glas mehr zu trinken. Das hat mit Feiern nichts zu tun.
Erlaube dir einmal ohne schlechtes Gewissen an der Sonne zu sitzen und in den Himmel zu träumen. Es kann auch bedeuten, dass du einmal, obwohl es erst Anfang der Woche ist, dein «Sonntagskleid» anziehst.

Einfach: *Hab dich lieb und sei lieb mit dir!*

Wenn du gelernt hast, dich selber lieb zu haben, dich selber zu akzeptieren und dir selber zu verzeihen, geh weiter. Du hörst bei deiner Haut nicht auf. Strahle die Liebe aus, die du in dir und zu dir fühlst, bis sie dein Nebenan erreicht.

Liebe, Verständnis, Verzeihen ist die beste Erde für das Pflänzchen «Beziehung».

*An die Träne*

*Ich fühle dich -*
*Du bist da -*
*Du möchtest hinaus,*
*Aus mir heraus -*
*Komm bitte, komm -*
*Jetzt wagst du es langsam,*
*Sehr langsam.*
*Ich halte die Augen geschlossen -*
*Ich will leise sein -*
*Dich nicht erschrecken.*
*Soll ich die Lider ein klein wenig öffnen?*
*Ja?*
*Das hilft dir, nun kommst du -*
*Eine Träne!*
*Staunend erkenne ich*
*Du bist ja weiblich,*
*Wie hübsch der Gedanke!*
*Jetzt spüre ich dich ganz deulich an der Nase.*
*Der Schmerz, jener Schmerz der dich geboren hat,*
*wird dumpfer, erträglicher. Nun fliesst du*
*schneller und immer schneller an meiner Wange*
*hinunter, bis in meinen Bart und versiegst dort,*
*versickerst dort.*
*Erinnerst du dich deiner Schwestern?*
*Wo du warst, müssen viele, viele Tränen wohnen.*
*Ein Meer von Tränen müsst ihr sein;*
*Das macht mir Angst,*
*So viele, so unheimlich viele Tränen.*
*Ich könnte,*

*So ihr wolltet,*
*Darin ertrinken!*
*Bitte nicht!*
*So ein paar von euch, liebliche Schwestern, mag ich,*
*Ihr seid Balsam,*
*ERLÖSUNG FÜR MEINE SEELE.*

*Fredi Schilling, Basel*

# ASTHMA

Fühlst du dich allein, unverstanden, zu wenig geliebt? Wen oder was möchtest du nicht loslassen? Wen oder was möchtest du mit Besitz belegen? Was ist die Ursache deiner Traurigkeit? Warum erlaubst du dir nicht, zu weinen? Wer stellt Besitzansprüche an dich? Von wem oder von was lässt du dich einengen oder besitzen? Wer erdrückt dich unter dem Deckmantel «Liebe»? Überbesorgt-sein und Überängstlichkeit einer nahestehenden Person erdrücken dich, engen dich ein, verstärken oder verursachen das Leiden.

*Liebe ist wie eine Quelle; je mehr du gibst, umso mehr kann nachfliessen. Hass, dein Nebenan nicht akzeptieren können, besitzen wollen, sich besitzen lassen, nörgeln, kritisieren, verurteilen, sind wie grosse Steine, die auf der Quellöffnung liegen und den natürlichen Lebens- und Liebesfluss stauen.*

Licht, Luft und Sonne erfüllen das Herz mit Energie und Lebensfreude. Öffne dich dieser liebenden Energie. Erlaube dem Licht, bis in die dunkelsten Winkel vorzudringen.

*Leichte und kurzfristige Asthmaanfälle, allergisches Asthma*

Nimm die Warnung an. Versuche so schnell als möglich die Ursache deines Leidens zu erkennen und zu verstehen. Bemühe dich, deinen Bruder und deine Schwester aus innerstem Herzen zu lieben. Das heisst nicht unbedingt, ihr Tun zu akzeptieren, jedoch, das innere, wunderschöne, göttliche Wesen in **jedem** Menschen zu erkennen und zu lieben. Hell und Dunkel hat Platz in der allumfassenden Liebe. Verzeihen, Altes loslassen, neu beginnen, verstehen, nicht nachtragen; das sind alles Schlüssel zum inneren Paradies. Wir haben die Erlaubnis, sie zu gebrauchen!

*Asthmatische Herzbeschwerden*

Auch wenn du den in diesem Buch beschriebenen Weg gehst, ist ärztliche Begleitung empfehlenswert und/oder notwendig!
Möglicherweise hat sich dein Herz mit dem vergeblichen Versuch, Liebe zu geben, wundgestossen. Versuche, dir bildlich vorzustellen, wie dein Herzwesen sich immer und immer wieder an der verschlossenen Türe stösst. Öffne deine Herzenstür! Mach die Anstrengung. Verzeih denen, die du am meisten hasst und verabscheust. Gib ihnen Liebe, sie haben es viel nötiger als die «lieben» Leute.

Verzeih denen, die dich verletzt haben. Damit schaffst du die Bedingungen, die nötig sind, dass auch dir verziehen werden kann.
Schlechte oder gar böse, zerstörende Wünsche kehren alle zu dir zurück. Wünsche niemandem Böses an. Du fügst nicht nur dem anderen, sondern auch dir Leid zu.
Im Innersten verzeihen ist ein schwerer Schritt. Versuch es, denn allein schon dieses Ziel anzustreben, wird dir sicht- und spürbaren Erfolg bringen. Schliesse all die «nicht lieben» Leute in deine Heilmeditation ein.

### *Wetterabhängikeit und Asthma*

Leider glauben sehr viele Asthmatiker, ihr Leiden hänge vom Wetter, von den Jahreszeiten, von Raum- und Wohnbedingungen ab. Sicher können solche ungünstigen Faktoren das Leiden verstärken, seine Ursache sind sie jedoch nie. Löse dich von diesem Gedanken. Gesund kannst du bei jedem Wetter, in jeder Jahreszeit und in jeder Wohnung werden.

Erdrückende Liebe; Überängstlichkeit; besitzergreifende Liebe; immer wissen, was für den anderen gut oder besser wäre; ein Kind nicht erwachsen werden lassen; tyrannisch oder überstreng sein; einengen; «Kindsdressur»; absoluten Gehorsam fordern — das alles können Gründe für Asthma sein.
Aber auch genau die andere Seite kann die gleichen Folgen haben: Zu wenig Aufmerksamkeit; zu wenig Geborgenheit; zu wenig geliebt werden.
Solche Verhaltensweisen können auch in abgeschwächter Form zum Beispiel von Grosseltern, Lehrern oder Nachbarn das Leiden des Kindes auslösen und/oder verstärken.
Ein aus den oben genannten Gründen entstandenes Asthma kann sich krampfhaft ein Leben lang festklammern, wenn die Ursache nicht erkannt und behoben wird.

Den zeitlichen Beginn der Krankheit zu entdecken, ist beim Suchespiel nach der Ursache sehr hilfreich. Wenn dann noch die damit verbundenen Beziehungen, Erfahrungen und Erlebnisse aus dem Erinnerungskeller hervorgekramt werden können, ist das Finden ein Kinderspiel. Hast du die Urheberperson und die auslösenden Verhaltensmuster gefunden, ist Schluss mit dem Spiel. In dir die Ursache beheben, der Urheberperson verzeihen und einfach daran glauben, dass du gesund werden kannst — dafür müsstest du schon Schwerarbeiterzulage bekommen! Befreie dich aus der alten Verbindung mit der Urheberperson. Sie ist heute nur noch Ballast für dich. Hab den Mut weiterzugehen und verliere den Mut nicht.

*Du schaffst es!*

Ist die Urheberperson verstorben, sind Verzeihen und «Sich-innerlich-von-ihr-lösen» genau so wichtig und möglich.

In Lärchen-, Föhren- oder Fichtenwäldern spazierengehen ist, wie wenn du in deiner Wohnung die Fensterläden öffnest und Sonne, Luft und Licht hereinlässt. Bist du auf diesen Spaziergängen allein, schau dich um, sei still, die Natur gibt dir auf so viele Fragen Antwort.

Ist Alleinsein für dich unangenehm, zwinge dich nicht dazu, denn etwas unter Zwang tun ist selten kreativ und/ oder positiv. Überkommt dich auf einem Spaziergang Traurigkeit, lass sie kommen. Alles, was an die Oberfläche kommt, kann von dem Lebensfluss weggeschwemmt werden. Kommen Tränen, begrüsse sie freudig, sie sind «Knotenlöser»; sie helfen, dein Inneres sauber zu machen.
Also auf gut deutsch: *Göttliche Putzfrauen.*

Positive Gedanken helfen dir, die Schwelle zu überschreiten:

- Ich liebe, darum kann ich geben.
- Ich verzeihe, halte nichts zurück.
- Ich bin für mich selber verantwortlich.
- Ich brauche niemanden, der mir sagt, was ich zu tun habe.
- Meine Herzenstür ist weit geöffnet; ein lichter Strom der Liebe ergiesst sich in die ganze Welt.

Notizen:

*Fragmentarische Weisheit*

*… einer von denen,*
*die sich im Dunkeln*
*um eine Säule herumtasten*
*und jammern,*
*man habe sie eingemauert.*

*Herkunft unbekannt*

# AUGENPROBLEME

Augen — was sind sie nicht alles! Fenster zur Seele, Märchenaugen, man kann darin versinken, sie können aber auch eiskalt und berechnend sein oder sanft oder sprühend oder ....

In jedem Groschenroman werden Augen in irgend einer Form mindestens einmal beschrieben. Und bei jeder Beschreibung ist damit auch die Atmosphäre, die jeweilige Stimmung mit eingefangen. Aber wir wollen ja nicht nur in himmelblauen Augen träumen, sondern den Ursachen des «Nicht-mehr-so-gut-sehens» auf die Schliche kommen.

Augen haben die Aufgabe, zu sehen, und somit hängt auch die Ursache der meisten Augenleiden damit zusammen, dass man nicht mehr genau sehen will.
Leider gibt es auch hier nicht nur eine Ursache, es wäre ja sonst viel zu einfach.

Grundursachen von Augenproblemen sind:
- Die gegenwärtige Situation nicht sehen wollen.
- Das Jetzt nicht annehmen können.
- Dein Nebenan nicht akzeptieren.
- Das Tun deines Partners nicht sehen oder nicht annehmen wollen.

- Dein weibliches (rechts) oder dein männliches (links) Wesen nicht sehen und/oder nicht annehmen wollen.
- Vor dem Weltgeschehen die Augen verschliessen wollen.

*Einige Augenleiden*

*Augenentzündung*

Was du siehst, löst in dir das Gefühl von Wut, Hass, Aggression, Ohnmacht aus; du magst nicht annehmen, was sich in deiner nächsten Umgebung abspielt; Frust; du bist empört, entrüstet, entsetzt über das Tun einer dir nahestehenden Person; ohnmächtige Wut über etwas, das du nicht ändern kannst.

*Farbenblindheit*

Zu starke Beeinflussung oder Druck durch eine nahestehende Person; erdrückende Liebe; «verdrehte» Lebenshaltung oder -einstellung; Stolz; Überheblichkeit.

*Grauer Star*

Angst vor der Zukunft; alles schwarz sehen; Unzufriedenheit; unausgefüllt sein; selten: Unaufrichtigkeit.

*Grüner Star*

Das Gefühl, nicht angenommen zu werden; psychische Belastung durch Unverständnis seitens einer nahestehenden Person; Partnerschaftsprobleme.

*Hornhautverkrümmung*

Das Leben mit Gewalt zurechtbiegen wollen; Partnerschaftsprobleme; die Wahrheit oder die momentane Lebenssituation nicht annehmen wollen. Das Entstehen der Hornhautverkrümmung hängt oft mit einer Krankheit zusammen. Versuche herauszufinden, welche Krankheit den Beginn dieses Augenleidens hervorgerufen hat und was dir deine Seele damals mitteilen wollte. Vermutlich hast du das «Fehlverhalten» und das «Fehldenken» auch in die Gegenwart mitgenommen.

*Kurzsichtigkeit*

Die Zukunft nicht annehmen wollen; Angst vor der Zukunft; kein Ziel haben; den Weg nicht sehen; kein Vertrauen haben.

*Schielen*

Seinen Lebensweg nicht geradlinig gehen; seinen Lebensweg nicht klar erkennen (wollen); selten: Unaufrichtigkeit; selten Verlogenheit; selten Geiz.

Bei Kindern: Das Kind wird nicht richtig verstanden. Ein Kind kann und soll man nicht in eine Schablone pressen. Auch wenn das Wesen des Kindes nicht unbedingt den Wunschvorstellungen der Eltern entspricht, sollten sie sich Mühe geben, das

Kind liebzuhaben und sein inneres Wesen anzunehmen und zu akzeptieren.
Achtung: Nicht falsch anerzogene, unangenehme Gewohnheiten soll man akzeptieren, sondern das wahre, innere Wesen des Kindes.

*Überdruck*

Emotionaler (Gefühls-) Druck; unterdrückte Wut oder Unwohlsein; Aggression; Enttäuschung; Unzufriedenheit.

*Chronisch übermüdete Augen*

Überbelastung; überfordert sein; nicht mehr wollen; am liebsten möchtest du die Augen schliessen, um nicht mehr zu sehen, was um dich herum vorgeht; nicht mehr weitergehen wollen.

*Verletzungen*

Was du siehst, verletzt deine Gefühle; du möchtest nichts mehr sehen; Angst vor dem Weitergehen; die Zukunft oder die Gegenwart nicht klar sehen oder sehen wollen.

*Weitsichtigkeit*

Die nahe Umgebung nicht sehen wollen; die Gegenwart und die nahe Zukunft nicht annehmen wollen oder können; dein persönlicher Bereich wird zu oft verletzt; du kennzeichnest deine Grenzen zu wenig.

# BLUT- UND HERZPROBLEME

Unser Blut ist wie der Zustelldienst unserer Post, und das Herz ist die Verteilerzentrale. Ist mit Blut oder Herz etwas nicht in Ordnung, so ist die Versorgung des ganzen Organismus mit Sauerstoff und Nahrung in Frage gestellt. Blut- und Herzkrankheiten hängen somit fast alle mehr oder weniger mit Lebensmüdigkeit, Nicht-mehr-weitergehen-wollen, Selbstzerstörung, Selbstbestrafung und passivem Widerstand gegen Druck und Unterdrückung zusammen.

Erlaube dir, das Leben zu geniessen, jeden Tag ein Fest ganz alleine für dich zu feiern, dich auf Schönes, Erfreuliches zu konzentrieren. Lies in nächster Zeit, bis es dir wieder gut geht, keine negativen, destruktiven Bücher. Sieh dir keine depressiv machenden, niederdrückenden Filme und Fernsehsendungen an. Meide Zeitungen und all die negativen Nachrichten aus aller Welt. Deine Gesundheit ist jetzt wichtiger als über das, was in der Welt läuft, orientiert zu sein. Wenn du wieder sicher mit beiden Füssen auf dem Boden stehst, ist immer noch Zeit genug, dich für deine Umwelt einzusetzen. Du hast dann auch wieder viel mehr Kraft und Durchsetzungsvermögen und kannst viel mehr erreichen.

Wichtig ist auch, dass du deiner Umgebung, den Menschen, die neben dir leben, mit Ich-Botschaften deine

Bedürfnisse, deine Gefühle und deine Wünsche mitteilst. Kein Mensch kann erraten, was du im Innersten fühlst.

Kämpfen mit dir selber ist ein sinnloses Unternehmen. Sei lieb mit dir, akzeptiere dich und steh zu dir selber. In jedem Menschen ist das Helle und das Dunkle zu Hause. *Nimm beides an.*

Selbstmitleid, Kranksein um etwas zu erreichen, Krankheit als Druckmittel sind zu selbstzerstörerische Daseinsformen, um sie als Mittel zum Weiterkommen zu verwenden. Du schneidest dir damit ins eigene Fleisch und fügst dir und deiner Umwelt nur Schaden zu.

## *Einige Blut- und Herzkrankheiten*

*Anämie*

Passive Lebenshaltung; nicht annehmen eigener Rechte; sich selber ablehnen; sich keine Freude gönnen; lebensmüde sein; nichts annehmen können; an allem etwas auszusetzen haben; «ja..., aber...-Haltung».

*Blutdruck zu hoch*

Sich zu sehr in die Angelegenheiten und Probleme anderer Menschen einmischen; die Grenzen der anderen zu wenig akzeptieren; Nicht-annehmen und Nicht-lösen-wollen der eigenen Probleme; sich selber unter Druck setzen; Unbeherrschtheit; Neigung zu Aggressivität und Jähzorn.

*Blutdruck zu niedrig*

Sich fallen lassen; sich geschlagen geben; Gefühle des Unterdrückt- und Besiegt-werdens; Depression; das Gefühl, von der Umgebung nicht angenommen zu werden; sich selber nicht annehmen; sich zu tief in Sorgen und Kummer hineinziehen lassen; Selbstmitleid, Selbstbedauern.

*Blutprobleme*

Ablehnung von Freude und Lebenslust; sich selber nichts gönnen und geben wollen; Ideen und Lebensenergie blockieren, nicht zirkulieren lassen; blockierter, stockender Gedankenfluss.

*Cholesterinablagerungen*

Freude und Lebenslust nicht zirkulieren lassen; verstopfen der Kanäle, um die Lebensenergie zu verlangsamen und/oder zu unterbinden; Neid darüber, dass sich andere freuen können; das Gefühl haben, immer zu kurz zu kommen.

*Diabetes, zu viel Blutzucker*

Die Schönheit und die Zärtlichkeit des Lebens nicht annehmen können; die Liebe von sich selber und von anderen Menschen nicht annehmen können; sich zu sehr in Kummer und Sorgen hineinsteigern; Selbstbedauern; Selbstmitleid.

*Hypoglykämie, zu wenig Blutzucker*

Flucht und Angst vor dem Weitergehen; Ablehnen der momentanen Lebenssituation; Gefühle des Unterdrückt-werdens, des Besiegt-seins, der Sinnlosigkeit, des «Nicht-mehr-weiter-leben-wollens», des Aufgebens.

*Embolie*

Lebensmüdigkeit; Lebensverweigerung; die Zirkulation der Lebensenergie unterbinden wollen; auf dem «falschen» Weg sein.

*Herzprobleme*

Tiefgehende Verweigerung der Gefühle; langandauernder Mangel an Freude, Glück und Licht; Ablehnung des Lebens und der Lebensenergie; sich selber und/oder seine Umgebung unter Druck setzen wollen; tyrannische Lebenseinstellung; Flucht vor dem Leben.

*Herzfehler*

Die Seele wählt ihr Schicksal, ihren Lebensweg vor der Geburt; Karma; Abbauen von karmischer «Schuld» aus früheren Leben; die Seele hat sich gewünscht, in diesem Leben ganz bestimmte Erfahrungen zu machen und hat sich dazu deinen jetzigen Körper mit all seinen Vor- und Nachteilen ausgesucht.

*Herzrhythmusstörungen, Herzflattern, Herzflimmern*

Sich zu sehr in Angst, Sorge und Probleme hineinsteigern; zu wenig Vertrauen ins Leben haben;

alle Hindernisse mit dem «Kopf» beseitigen wollen; seine Gefühle und seine innere Stimme mit Gewalt unterdrücken und sie nicht hören wollen; sich in Angst- und Panikgefühle hineinsteigern; Kleinigkeiten überbewerten.

*Herzschwäche*

Aufgeben wollen; Gefühle des Besiegt-seins; sich in einer Sackgasse fühlen; nicht mehr weitergehen wollen; dein Nebenan beherrschen wollen; herrisch und tyrannisch sein; Druckmittel gegenüber Mitmenschen.

*Krampfadern*

Seinen Platz im Leben und/oder seinen Arbeitsplatz nicht annehmen können; Unzufriedenheit; negative Lebenseinstellung; überfordert und überarbeitet sein; Widerstand gegen die Arbeit und/oder den Arbeitsplatz; blockierte Kreativität; Frustration; Enttäuschung.

*Leukämie*

Leukämie ist eine sehr tiefgehende Krankheit. Ich kann sie leider in diesem Buch nur kurz streifen und einige Denkanstösse geben:

Ablehnen des Lebens; Selbstzerstörung; passive Auflehung gegen Autorität und Druck; Verzweiflung; nicht mehr weitergehen wollen. Leukämie kann aber auch, wie fast alle Krankheiten, karmisch bedingt sein.

Notizen:

# Die Wahrheit kostet Freunde.

*Jeder Vogel lässt sich bei seinesgleichen nieder.*
*So kommt die Wahrheit zu denen, die sie tun.*

*Jesus Sirach 27,9*

# HAXOLOGIE*) — FÜSSE, BEINE, KNIE, HÜFTEN

## *Die «Weitergehen-Übung»*

Sicher hast du irgendwo eine Treppe, auf der du ungehindert diese Übung durchführen kannst. Wenn irgend möglich, sollte dich niemand dabei stören. Falls du auch nur ein ganz klein wenig Hemmungen hast (ich habe welche!), sollte dir auch niemand zuschauen. Ist keine ruhige Treppe zu finden, tut's auch ein Schemel, eine Holzkiste oder sonst irgend etwas, das so ungefähr Tritthöhe hat. So genau kommt es gar nicht darauf an.

Du stellst dich vor den Schemel oder vor den ersten Tritt. Beide Füsse sind nebeneinander auf den Boden. Nun hebst du das eine Bein hoch, wie du es normalerweise beim Treppensteigen tust — aber im Zeitlupentempo. Beobachte dich gut: Was passiert mit deinem Rücken, wie reagiert dein Körper auf die neue Bewegung? Jedes Gefühl, jede Bewegung, jede Unsicherheit solltest du dir merken. Langsam, sehr, sehr langsam setzt du nun den Fuss auf den ersten Tritt. Wie stehst du? Wo ist dein Gewicht? Wie fühlst du dich? Schief? Unsicher? Wackelig?

---

*) Bitte dieses Wort nicht allzu ernst nehmen. Es steht in keinem Duden!

Genau gleich langsam verlagerst du nun dein Gewicht auf den oberen Fuss. Hast du es gemerkt? Eine Anstrengung hat es dich schon gekostet, deine ganze Materie auf einen höheren Stand zu bringen.

Nun ziehst du den unteren Fuss nach. Beobachte genau, spüre und fühle, was in dir und mit dir passiert. Stell den zweiten Fuss neben den ersten und verlagere dein Gewicht wieder auf beide Füsse.

Und nun? Fühlst du dich wieder sicherer? Hast du wieder einen besseren Stand? Hat sich die Bewegung in deinem Rücken wieder ausgeglichen?

Es ist sehr wichtig, dass du die Übung sehr langsam, im Zeitlupentempo ausführst. Nur so hast du die Möglichkeit, die Bewegung, die Unsicherheit, die Anstrengung so richtig zu realisieren. Führe sie langsam aus, auch auf die Gefahr hin, dass du das Gleichgewicht verlierst.
Für Ängstliche: Polstere die Treppe zuerst mit Decken und Kissen aus!

Was du soeben gemacht hast, entspricht genau deinem Weitergehen. Dein Leben, deine Entwicklung, dein Weitergehen ist wie eine Treppe. Viele Stufen sind vor dir. Es ist dir freigestellt, wieviele Stufen du in diesem Leben überwinden möchtest. Der Ablauf ist jedoch bei jeder Stufe gleich. Und du **musst** mit der untersten beginnen, wenn du die oberste erreichen möchtest!

In ihrem Buch *Esoterisches Heilen* *) schreibt *Alice A. Bailey*:

*«Wenn der Mensch 21 Jahre alt geworden ist, sollten seine Zentren (Chakren) normalerweise dieselbe Ausdrucks-Qualität erreicht haben, wie sie bestand, als er in einer vorangehenden Inkarnation aus dem Leben schied. Der Mensch nimmt dann an der Stelle das Leben wieder auf, wo er es vorher verlassen hatte.»*

Der Ablauf des Weitergehens:

- Zuerst das Wollen: die Entscheidung, dass du einen Tritt höher steigen möchtest. Ein kleines Schrittchen oder vielleicht einen Riesenschritt weiter in deiner Entwicklung.

- Dann die erste Anstrengung: das Heben des ersten Beines. Die Bewegung, das Verlagern des Gewichtes, eine neue Haltung, eine neue Richtung, ein neues Sein. Alles musst du annehmen, in dir erfahren.

- Die Unsicherheit: das Gefühl, nur noch wenig oder gar keinen Boden unter den Füssen zu haben. Das teilweise Loslassen des Alten. Endlich hat der Fuss wieder Halt. Eine kleine Pause, um ein bisschen Mut zu fassen. Vielleicht auch noch ein Blick zurück.

---

*) Alice A. Bailey, Esoterisches Heilen, 4. Band der Buchreihe «Eine Abhandlung der sieben Strahlen», LUCIS Verlag, Genf

- Die Anstrengung, dein ganzes Gewicht nach oben zu heben, die Balance nicht zu verlieren, den unteren Fuss nicht zu schnell loszulassen und dem oberen zu vertrauen, dass er gut steht.

- Und jetzt kommt das Schwerste: das Loslassen der unteren Stufe. Du kannst, ohne Schaden zu nehmen, nicht mehr zurück. Du hast dich entschlossen weiterzugehen, jetzt kannst und darfst du nicht mehr zögern. Zu langes «Halb-Stehen» bringt Unsicherheit, Unfallgefahr, Leiden.

- Nimm deine ganz Kraft zusammen, zieh den zweiten Fuss nach, stell ihn neben den ersten! Fühle die Sicherheit, mit der du auf der neuen Stufe stehst. Alles was unter dir war, hast du losgelassen, brauchst du nicht mehr. Alles was über dir war, ist immer noch bei dir, viel näher als vorher.
  Vielleicht braucht es noch einen kleinen «Frühlingsputz», ein kleines Aufräumen, damit du nicht zu oft zurückschaust. Aber ich bin überzeugt : Du merkst es schon selber, wieviel und was noch weg muss.

Einem Freund oder Partner beistehen, ihm helfend die Hand reichen, ihm Stütze sein, kann für dich eine Reifeprüfung oder ein Weiterkommen sein. Darum schau dir alles genau an, was du zurücklassen sollst oder willst.

Aber prüfe dich genau. Es sind nicht alle Menschen auf der unteren Stufe, die du nicht verstehst.

*Flucht ist kein Weitergehen!*

Unfälle und Krankheiten des Bewegungsapparates wollen dir sagen:

- Du bist zu schnell vorwärts gegangen. Geh langsamer. Mach Pause. Oder:
- Du hast Angst vor dem neuen Schritt. Beschäftige dich mit dem Neuen. Oder:
- Du blockierst dich. Es ist höchste Zeit, einen Schritt vorwärts zu gehen. Oder:
- Du hast Angst vor dem Tod. Beschäftige dich damit, wie es weitergeht. Der Tod ist kein schwarzes Loch, in dem du verfaulst. Der physische (körperliche) Tod ist eine Wandlung, eine Metamorphose, ein Weiterleben in einer andern Sphäre, auf einer anderen Ebene.

*Einige Symptome*

*Blaue Flecken*

Sich selber schlagen; sich strafen.

*Dornwarzen*

Tiefsitzender Glaube an die eigene Unfähigkeit und Hässlichkeit; sich selber ablehnen.

*Entzündungen, die die Bewegung behindern*

Du wirst daran gehindert zu tun, was du tun möchtest oder von innen heraus tun solltest. Befreie dich; sei DU und zeige den andern deinen Bereich, deine Grenzen.

*Hornhaut, unnatürlich starke*

Der Wunsch, seine Gefühle zu verstecken; sich am liebsten in ein Mauseloch verkriechen wollen.

*Hüftarthrose*

Angst vor dem Weitergehen; sehr oft Angst vor dem Älterwerden, da der Tod als schwarzes Loch, als absolutes Ende angesehen wird.

*Hüftprobleme*

Vor grösseren Entscheidungen zurückschrecken; nicht mehr weitergehen wollen; Angst vor der Zukunft; deine Seele fühlt sich eingeengt, sie fühlt sich im Weitergehen behindert.

*Knieprobleme*

Sich oft demütigen lassen; sich oft unterdrückt fühlen; das Gefühl «immer ich muss nachgeben»; Unterwürfigkeit; Unsicherheit; Labilität;
Hochachtung und Demut sind Fremdwörter; Inflexibilität; Stolz; Sturheit; negative Unbeugsamkeit.

*Krampf*

Nicht loslassen können; zu sehr an der Vergangenheit festhalten; Angst; innere Verkrampfung; Angst vor Neuem.

*Krampfadern*

Frust; Enttäuschung; Widerstand; das Gefühl haben, nicht am richtigen (Arbeits-)Platz zu sein; sich überfordert, überarbeitet fühlen; gestauter Lebens- und

Ideenfluss; nicht tun können, was man gerne möchte.
Diese Gefühle und Zustände bestanden zur Zeit der Entstehung der Krampfadern. Alte Krampfadern können mit dem Abbauen der negativen Ursachen nicht weggezaubert, aber vielleicht doch abgeschwächt, schmerzfrei und zum Stillstand gebracht werden.

*Meniskus*
siehe Knieprobleme; sich selber blockieren.

*Schleimbeutelentzündung*
Unterdrückte Aggression oder Wut; Rachegefühl; das Bedürfnis, jemanden zu verletzen; sich an jemandem rächen wollen.

*Schweissfuss*
Angst vor der Zukunft. Wenn nur der *rechte* Fuss stinkt: Dem *weiblichen* Wesen in dir «stinkt es». Warum wohl? Ob Mann oder Frau, wir haben immer beide Elemente, das Weibliche und das Männliche in uns. Idealzustand ist, wie beim Yin und Yang, die totale Ausgeglichenheit. Ein erstrebenswerter Zustand, ein erstrebenswertes Ziel. Aber bitte nicht falsch verstehen: Nicht «Zwitter sein» ist anstrebenswert; Mann bleibt Mann, Frau bleibt Frau!
Ist nur die *linke* Seite vom Leiden befallen, so ist es deine *männliche* Seite, die dir etwas zu sagen hat. Möchtest du bekommen, wenn möglich aber nichts hergeben? (Lügen gilt nicht!) Oder musst du eine

Arbeit tun, die dir stinkt? Bist du zu aktiv? Hast du vielleicht sogar Angst vor der Ruhe? Oder genau umgekehrt: Hast du Angst vor dem Versagen und wirst dadurch passiv und apathisch?
Je mehr du gibst, desto mehr kommt zurück. Aber bitte nicht so: Ich hab dir ein Geschenk gegeben, das so und soviel gekostet hat, jetzt will ich ein gleichwertiges zurückhaben. Nur Geben ohne Lohn zu erwarten ist ehrliches, richtiges Geben.
Pass aber auf: Das hat nichts damit zu tun, sich ausnützen zu lassen. Vertiefe dich noch einmal in das Bild von Seite 28.

*Verletzungen, die die Bewegung behindern*

Zu schnell oder einen falschen Weg gehen; zu viel von sich verlangen; sich unter Druck setzen; «ES» möchte dich bremsen.

*Verletzungen, die die Bewegung verhindern; Bruch, Verstauchung, Zerrung etc.*

All dies möchte dich darauf aufmerksam machen, dass die Geschwindigkeit oder aber der Weg, den du im Moment gehst, nicht mit deinem inneren Wesen übereinstimmt. Die Leistungen, die du dir abverlangst, sind zu gross. «ES» möchte dich ein bisschen bremsen, zurückhalten. Gönne dir eine Pause, ruhe dich aus, erlaube dir zu tun, was du schon lange gerne tätest.

*Zehen*

Bitte nichts zu dogmatisch nehmem! Überbewerten von Kleinigkeiten; kleinlich, «kleinkariert» sein.

*Mein Körper*
*ist meine Wohnung.*
*Ich bin mit ihm verbunden*
*in diesem Leben,*
*und ich weiss,*
*der Mietvertrag*
*ist das Leben.*
*Ich staune und möchte,*
*dass ich meinen Körper*
*zum Lobe Gottes*
*werden lasse.*

*aus der Agenda*
*«Fastenopfer, Brot für Brüder»,*
*Donnerstag, 28. März 1985*

*Was ist Sexualität für dich?*
Es ist wichtig, dass du ehrlich zu dir selber bist, auch wenn es für dich einige unangenehme Momente sind.

Stell dir folgende Fragen:
- Ist Sexualität etwas Unanständiges für dich?
- Ist es etwas Verbotenes, etwas «Grausiges»?
- Etwas, worüber «man» nicht spricht?
- Oder ist es gar etwas Böses, Sündhaftes?
- Hast du ein schlechtes Gewissen, weil du mit jemandem ganz nah zusammen warst?
- Stört es dich, dass du ein Mann / eine Frau bist?
- Hast du Mühe mit Empfangen, mit Geben?

Es gibt noch so viele Gründe, weswegen du die Sexualität ablehnen könntest. Nimm die wenigen Momente, in denen es für dich unangenehm wird in Kauf und geh auf die Suche nach der Ursache.

Sehr, sehr wichtig:
*Leidest du im Moment an einer Geschlechtskrankheit, egal ob an einer harmlosen oder an einer gefährlichen, lege alle Hemmungen ab und unterziehe dich einer ärztlichen Behandlung. Auch wenn nur ein Verdacht besteht, oder wenn Filzläuse dich als Wohnung ausgesucht haben, musst du dagegen etwas unternehmen!*

Dem heute üblichen Wortschatz fehlen die Worte, um das selige Beisammensein zweier Menschen zu benennen. Die unnatürliche und falsche Einstellung hindert die Menschen daran, dieses wunderschöne Sein anzunehmen. «Liebe machen», Geschlechtsakt, «bumsen» etc.... passt das zu dieser zärtlich-schönen Vereinigung von Körper, Seele und Geist?

Hast du einen Grund für deine nicht ganz richtige Einstellung zur Sexualität gefunden, arbeite damit. Beachte auch andere Symptome, wie zum Beispiel:

- Welche deiner Körperseiten ist öfters krank oder verletzt?
- Welche Körperteile drücken seelisches Unwohlsein aus?
- Hast du oft Pickel auf der Nase?
- Hast du vielleicht die Angewohnheit, in der Nase zu bohren und anschliessend das Bedürfnis, den Finger in den Mund zu stecken? (Das Prinzip des Gebens und Nehmens ist nicht im Gleichgewicht; eine Art der Selbsterfüllung oder Selbstbefriedigung.)
- Spielst du oft mit deinem Schnauz oder Bart?
- Streichelst du oft deine Lippen oder streichst darüber?
- Auch das Zupfen an der Nase ist eine Form der Selbstbefriedigung.

Kleine und kleinste Symptome können Wegweiser zur Ursache sein. Auch einer nur vagen Vermutung solltest du nachgehen. Pirsche dich zur Ursache vor, spiel Detektiv, nimm jedes Symptom auseinander, spielerisch, freudig, abenteuerlustig. Allen Ernst und alle Verbissenheit solltest du weglassen, sie sind dir nur im Wege.

*Das Ziel ist, eine natürliche, freudige, positive Einstellung zur körperlichen Liebe anzustreben.*

Pornohefte und -filme, Lektüre und Filme über abnorme und/oder brutale Sexspiele, Perversion in allen Spielarten sind für ein harmonisches, bejahendes Verhältnis zur Liebe absolut nicht förderlich. Auch Dirnenbesuche tragen nicht dazu bei, sich im Fluss körperlicher Liebe wohlzufühlen.

Mehr als einen Liebespartner zu haben, ist je nach deiner Veranlagung ganz sicher nicht verboten. Das Wichtigste ist: Wohlfühlen musst du dich dabei, ohne Eifersucht, ohne Besitzen-wollen, ohne schlechtes Gewissen. (Es muss auch hinter der Fassade stimmen!)

Körperliche Liebe ist KEIN Leistungssport; und gar damit zu prahlen, mit wievielen du schon geschlafen hast...
Hast DU geschlafen?

Strafe! Selbststrafe! Wir strafen uns selber viel öfter, als uns überhaupt bewusst ist. Dass wir uns einmal Schimpfnamen oder sonst eine «Liebenswürdigkeit» an den Kopf schmeissen, ich glaube, das kennen wir alle. Aber hast du gewusst, dass du dich unterbewusst selber bestrafst? Dass dein Unterbewusstsein dich mit einer Krankheit oder mit einem Unfall für irgendein Vergehen zurechtweisen will?

In deinem Unterbewusstsein sind alle Verbote und Verhaltensmuster deiner Vergangenheit eingeprägt. Leider kann dein Unterbewusstsein nicht zwischen gut und böse, richtig und falsch, sinnvoll und absurd unterscheiden. Es ist einfach programmiert und handelt dementsprechend. Es kann das Programm nicht selbstmächtig ändern, da es nicht erkennen kann. Aber DU mit deinem «Tagesbewusstsein» hast die Möglichkeit zu erkennen und somit auch die Möglichkeit, in deinem Unterbewusstsein Fehlerquellen zu korrigieren.

Es ist keine Psychoanalyse notwendig, um ein falsches Verhaltensmuster zu erkennen und zu ändern. Beobachte dich, dein Verhalten, deine Momente des Unwohlseins, die Sprache deines Körpers und deiner Seele.

Suche deine Steinchen zusammen, wie ein Künstler, der sein Mosaik zusammensetzt. Füge sie aneinander, betrachte dein Eigenbild, ändere es, wenn nötig, noch ein bisschen ab. Kopiere nicht, schaffe dein eigenes Kunstwerk. Lass dir auch nicht dreinreden, denn du spürst am allerbesten, was für dich gut ist. Weise aber gute Lehren nicht ab. Nimm sie an, prüfe sie; wenn sie in dein Bild passen, behalte sie, wenn nicht, lege sie bedenkenlos wieder zur Seite, ganz gleich, von wem sie kamen.

Verhalten, Bemerkungen und Äusserungen von andern können dir ein guter Spiegel sein. Geh damit aber genau so um wie mit den guten Lehren. Schau dir das Gesagte genau an, prüfe es, nimm es an oder lass es wieder fallen. Nachträgliche Gedanken an Nichtbrauchbares wären Verschwendung.

*Anerkenne dein Geschlecht!*

Deine Seele hat sich gewünscht, als Mann oder als Frau zur Welt zu kommen. Mach es ihr nicht unnötig schwer, anerkenne dein Geschlecht und nimm es an.

Bist du Frau, geniesse das Empfangen, das Aufnehmen, das Hingeben. (Das hat mit Schmarotzertum nichts zu tun!)
Als Mann freue dich über das Geben, das kreativ und schöpferisch sein. (Geben heisst nicht, sich ausnützen lassen!)

Notizen:

*Denke immer daran,*
*dass es nur eine*
*allerwichtigste Zeit gibt,*
*nämlich SOFORT!*

*Leo N. Tolstoi*

# GRIPPE

Die Krankheit, die mit Grippe umschrieben wird, ist so vielschichtig, dass damit allein ein ganzes Buch gefüllt werden könnte.

Ich gebe hier die Symptome und die dazugehörigen Erklärungen nur stichwortartig und bitte dich, selber zu denken und zu kombinieren, Phantasie zu haben, neue, hier nicht aufgeführte Möglichkeiten zu prüfen. Auch in anderen Krankheitsbildern findest du wertvolle Hinweise und manche brauchbare Puzzlesteinchen.

Die hier aufgeführten Symptome und Erklärungen sind nicht nur bei Grippe zulässig. Hast du eine andere Krankheit oder ein anderes Leiden, schau in der nachfolgenden Liste nach; vielleicht hat es etwas dabei, das dir auf der Ursachensuche weiterhilft.

Wenn du den Trick einmal rausgefunden hast, ist es gar nicht mehr so schwierig. Das ganze Geheimnis der Lehre ist: lerne ein bisschen anders zu denken, genau zu beobachten und zuzuhören. Es ist ein einfaches Denken, so einfach, wie es Kinder haben.

Versuchen wir es einmal an einem sehr typischen Beispiel:

Zum Gehen brauchen wir vorwiegend die Hüftgelenke. Sind diese auf irgendeine Weise blockiert oder sonstwie unbrauchbar geworden, ist ein Gehen praktisch unmöglich. Mit steifen Knien oder havarierten Füssen ist ein mühsames, langsames Gehen noch möglich, aber ohne Hüftgelenke!...
Das heisst: Verhinderte Bewegung in den Hüftgelenken — verhindertes Weitergehen.
Die Ursache wäre demzufolge:
«Man» hindert seine Seele am Weitergehen; Angst vor dem Weitergehen; sich wegen (unwichtigen) äusseren Dingen am Weitergehen hindern; gehindert werden, sich blockieren lassen; Angst vor grösseren Entscheidungen; Angst vor der Zukunft, vor Veränderung, vor Neuem etc.

*Die Seele zeigt dir mit der Behinderung, dass sie behindert wird, und dass ihr das absolut nicht passt.*

*Zu einfach?*
Beobachte dich und andere, es wird sich immer und überall bestätigen. Aber bitte nicht beurteilen, verurteilen, bewerten!

*Apathie*

Deine Seele ist müde vom vielen nichtgewollten Tun. Mach Pause! Setz dich nicht selber unter Druck. Lerne deine innere Stimme zu hören und zu verstehen.

*Auswurf* siehe Krankheitsbild Husten

*Bronchitis* siehe Krankheitsbild Husten

*Darminfektion* siehe Krankheitsbild Verdauung

*Drüsen, geschwollen*

Unausgewogenheit; inneres Chaos; mit den äusseren Umständen nicht fertig werden; «Gefühlssalat».

*Drüsenprobleme*

Drüsenprobleme sind ausgesprochene Gefühlsprobleme. Du hast Mühe, dich mit deinen Gefühlen und Empfindungen zurecht zu finden; zu offen sein für negative Einflüsse.

*Entzündungen*

Entzündung weist immer auf unterschwellige Wut, Groll, Hass, Verletztsein und nicht an die Oberfläche gekommene, nicht abgebaute Aggressionen hin. Art und Ort der Entzündung weisen darauf hin, worauf sich die Entzündung bezieht.

*Fieber*

Fieber hat fast dieselbe Ursache wie Entzündung. Zusätzliche Symptome zu erkennen ist wichtig. Fieber haben entspringt auch den Gefühlen des inneren Aufgezehrt-werdens; inneres «Kochen»; Gefühle der Ohnmacht, des Ausgeliefertseins. Fieber wird oft auch als Flucht oder Druckmittel verwendet.

*Geschwollensein*

Der geschwollene Körperteil möchte sich dir bemerkbar machen. Du hast irgendetwas übersehen, einen Teil von dir vernachlässigt. Die andere Seite ist, dass ein Aspekt von dir zu gross geworden ist.

*Gliederschmerzen*

siehe auch Krankheitsbild Hautprobleme.

Ganzer Körper: sich geschlagen geben, das heisst, jemandem die Möglichkeit geben, dich zu «treffen», dich zu verletzen, dich, wie beim Schachspiel zu schlagen.

*Halsschmerzen*

Geschluckte Gefühle und Verletzungen; Nicht-aussprechen-können der Gefühle; Kommunikations- und Sprechangst; etwas bleibt im Hals stecken; unterdrückt werden; Angst, sich zu wehren.

*Knie* siehe auch S. 90.

Sich demütigen lassen; gedemütigt werden; seine Empfindungen und Bedürfnisse nicht zeigen können; das Gefühl, unterdrückt zu werden. Oder die andere Seite: sich unter keinen Umständen beugen wollen; rechthaberisch; stur; «steif», nicht nachgebend; herrisch; reine Demut und Dienen sind Fremdwörter; heuchlerisch; falsche Demut; falsche Frömmigkeit; Unterwürfigkeit.

*Kopfschmerzen*

Es gibt so viele Arten von Kopfschmerzen, dass ich hier nur einige Ursachen angeben kann. Meistens sind Kopfschmerzen auch nicht ein Einzelsymptom, *suche* was noch dazugehört.

Gedanken «rumoren» im Kopf; alles mit dem Kopf, dem Intellekt zu begreifen, ist unmöglich; wir sind viel mehr als ein lebendiger Computer, mehr als nur Hirn mit Extremitäten. Spannung; Verspanntheit; Überreiztheit; Angst; Sturheit; nicht loslassen können; Altes und alte Ideen festhalten.

Eines der sichersten Hilfsmittel, um diesen lästigen Zustand loszuwerden, ist das Loslassen, das im «Hier und Jetzt» leben, entspannen und das Leben in seiner jetzigen Form geniessen.

*Magen-Darm-Grippe*

siehe Krankheitsbild Verdauung S. 179 ff.

*Mandelentzündung*

Unterdrückte Gefühle; mit der Umgebung nicht im Einklang sein.

• *Rechte Seite:* Nicht im Gleichgewicht ist die weibliche, mütterliche, empfangende Seite.

• *Linke Seite:* Die männliche, väterliche, gebende Seite ist mehr in Mitleidenschaft gezogen worden. Unruhige bis chaotische familiäre Verhältnisse.

(Wenn du dich mit deinem Arbeitsplatz und/oder deiner Firma identifizierst, ist auch das als «familiär», dir sehr nahekommend anzusehen.)

*Ohrenschmerzen* siehe Krankheitsbild Ohrenprobleme.

*Schluckbeschwerden*

Alles schlucken tut weh. Lass es erst gar nicht so weit kommen. Wehr dich dagegen. «Spuck aus», sag, was du fühlst. Zu dir stehen, deine Bedürfnisse und dein Sein den andern zeigen, mitteilen, was du willst und brauchst. Schluckbeschwerden sind eine «Ansteckungskrankheit», der, wenn sie nicht oft auftritt, keine allzugrosse Beachtung geschenkt werden muss. Leidest du jedoch jeden Winter mehrmals an dieser Infektion, ist es wichtig, dass du der Ursache auf den Grund gehst.

*Schnupfen*

siehe Schnupfen, Niesen, Stirnhöhlenprobleme S. 165. Beim Schnupfen gilt das gleiche wie im zweiten Teil der «Schluckbeschwerden». Ein Übertreiben ist genau so schädlich wie ein Zuwenig.

*Schultern*

Ein Joch oder eine Last liegt auf deinen Schultern.

• Ist die *rechte Seite* betroffen, hast du die Probleme einer Frau zu den deinen gemacht, oder aber du hast zu starke mütterliche, beschützende Gefühle in dir aufkommen lassen.

• Auf der *linken Seite* sind es zu starke väterliche, männlich orientierte Gefühle, die überhand genommen haben.

*Schwäche*

Du und deine Seele haben Ruhe nötig. Du hast zuviel getan, was dir nicht bekommt, was deine Seele sich nicht wünscht zu tun. Halt innere Einkehr, höre auf deine innere Stimme, lerne, sie zu verstehen.

*Schweissausbrüche*

Alles Unangenehme und Giftige möchte aus dir heraus. Schwitzkuren helfen bei der Reinigung. Schweissausbrüche zeigen auch Unsicherheit und unterdrückte Angst an.

*Schwindel*

Deine Gedanken «laufen Amok». Lass fliessen. Zuviel studieren und sich Sorgen machen bringt dir keine Lösung aus der gegenwärtigen Situation und hindert dich im Weitergehen. Schwindel durch zu niederen oder zu hohen Blutdruck: siehe Krankheitsbild Blut- und Herzprobleme S.77.

*Wundsein*

Von etwas oder jemandem zu stark berührt worden sein. Grenze dich besser ab. Wundsein zeigt auch Ablehnung, Abwehr, sich wehren gegen … an.

Notizen:

# HÄNDE, FINGER

Hand- und Fingeranalyse ist schon hohe Schule und sollte ja nicht übertrieben werden. Als ergänzendes Indiz, als Puzzlestein zum Gesamtbild, ist jedoch die Beschäftigung mit der Bedeutung von Hand-, Finger-, Fuss- und Zehenleiden sehr wertvoll.

Ein bisschen kompliziert ist es ja schon:

- *Die rechte Hand ist die gebende.*
- *Die linke Hand ist die empfangende.*

- *Die rechte Seite ist die weibliche, empfangende.*
- *Die linke Seite ist die männliche, gebende.*

Verwirrend — und doch ist dieses Rätsel lösbar.

Setz dich mit Freunden zusammen in einen Kreis. Gebt euch die Hände, entspannt euch, und ihr werdet schon sehr bald spüren, wie die Energie zu fliessen beginnt. Wenn du recht aufmerksam und feinfühlend bist, wirst du bemerken, dass die rechte Hand Energie abgibt und die linke empfängt. Es ist der normale Energiefluss, den du fühlst.
Das ist damit gemeint: die rechte Hand ist die gebende — die linke Hand ist die empfangende.

Der zweite Teil des Rätsels — die rechte Seite ist die weibliche, empfangende — die linke Seite ist die männliche, gebende — das ist die Sprache deiner Seele. Sie zeigt dir praktisch immer auf deiner linken Seite deine männlichen und auf deiner rechten Seite deine weiblichen Aspekte.

Beobachte öfters am Tag deine Handhaltung. Beim Tram- oder Busfahren, beim Lesen oder Fernsehgucken oder einfach immer dann, wenn du mit deinen Händen nichts zu tun hast, wenn sie in Ruhestellung sind. Lass sie genau so liegen wie im unbeobachteten Moment und schau sie dir an: sind deine Hände offen, entspannt? Geschlossen, zu Fäusten geballt? Verkrampft? Unruhig, flattrig? Ist nur die eine Hand geschlossen? Welche?

*Die Haltungen deiner Hände zeigen dir deine innere Haltung:*

- Geschlossene Hände — Altes festhalten.
- Rechte Hand geschlossen — Mühe haben mit Annehmen.
- Linke Hand geschlossen — Ungern, zögernd geben.
- Offene, entspannte Hände — offene, entspannte Lebenshaltung.

Es ist praktisch unmöglich, alle Variationen der Handhaltung aufzuzählen. Zwischen verkrampft, geschlossen und völlig entspannt gibt es zahllose Möglichkeiten. Beobachte dich und versuche selber, dir über deine Handhaltungen klar zu werden.

Ein Übungsbeispiel:
Schau dir die Hände anderer Leute an. Ahme die Haltung nach und empfinde, was für ein Gefühl diese oder jene Haltung in dir wachruft. Strikte verboten ist, dein Nebenan nach seiner Handhaltung zu beurteilen oder zu bewerten. Die beobachtete Person ist nicht DU und fühlt und lebt ganz anders als du, hat andere Lebensbedingungen und andere Aufgaben. Es geht bei dieser Übung lediglich um die Vertiefung deines Fühlens und deiner Empfindungen.

*Die Finger (Zehen) in Bezug zu den Chakren:*

*Kleiner Finger*

Steissbein- oder Basischakra:
Verbindung zur Erde; realitätsbezogen; natürliche, logische Lebenseinstellung.

*Ringfinger*

Bauchchakra:
Materiell und sexuell bezogene Gefühle.

*Mittelfinger*

Solar-plexus, Sonnengeflecht:
Hängt mit dem Gefühlszentrum zusammen.

*Zeigfinger*

Herzchakra, Christuszentrum:
Zeigt auf «Liebesdinge»; Liebesbeziehung.

*Daumen*

Kehl- oder Halschakra:
Kommunikationsbereich; Beziehung zu anderen Menschen; nicht sagen können, was man möchte; etwas gesagt haben, das…

## *Symptome*

*Bruch*

Unterbrechen des Energieflusses; diesem Chakra, diesem Gefühlsbereich wird nicht genug Lebensenergie zugeführt; dieser Bereich braucht mehr Aufmerksamkeit.

*Quetschung*

Sich einengen; erdrückt, unterdrückt worden sein; jemanden unterdrücken.

*Schneiden*

Einschneidende Begebenheiten; einschneidende Massnahmen (ergreifen); sich ins eigene Fleisch schneiden.

*Schürfung, Verletzung*
Verletzendes Erlebnis; jemanden verletzt haben; sich verletzt fühlen.

*Verbrennung*
Wut; inneres Aufgezehrt-werden.

*Verbrennung durch Flüssigkeit*
Wut; «Überkochen»; ich koche vor Wut.

Notizen:

*Wie kann ich Hässlichkeit*
*auf deinem Gesicht sehen,*
*wenn ich Liebe*
*in deinem Herzen fühle.*

*Sri Chinmoy*

# HAUTPROBLEME

Die Haut ist wie ein Kleid, in dem wir uns der Umwelt präsentieren.

Ich bitte dich: flippe nicht wegen jedem kleinen Pickel oder Fleckchen aus. Vielleicht will es dir etwas sagen, aber pedantisch werden ist bedeutend schädlicher, als ein kleines Fleckchen zu übersehen.

Fanatisch, pedantisch, dogmatisch sein, all das wirkt wie das berühmte Brett vor dem Kopf. Natürlichkeit, Offenheit, Grosszügigkeit sind bewährte Mittel dagegen.

Hautprobleme treten in den verschiedensten Arten auf. Bei der «Analyse» sind auch der betroffene Körperteil sowie die Art des Leidens zu berücksichtigen.

Jeder Körperteil weist in eine ganz bestimmte Richtung. Wurden jedoch über längere Zeit starke Medikamente eingenommen, Salben, Bäder oder Tinkturen verwendet, so ist eine genaue Bestimmung etwas schwieriger. Also bitte grosszügiges und selbständiges Denken.

*Bedeutung der einzelnen Körperteile:*

*Füsse*

Verbindung zur Erdenergie; geerdet sein.

*Beine und Füsse*

Zu schnelles oder zu langsames Vorwärtsgehen; die Zukunft nicht oder nur beschränkt annehmen können.

• *Linker Fuss, linkes Bein:* zeigt mehr die Hemmung im Bereich der Arbeit und der Tätigkeit.

• *Rechter Fuss, rechtes Bein:* zeigt dir, dass du in deinen Gefühlen blockiert bist und darin nicht weitergehen möchtest oder kannst.

*Knie*

Du lässt dich demütigen; du gibst dich unterwürfig; keine Demut; unbeugsam; herrisch; das Gefühl von «ich bin der Beste» haben.

*Oberschenkel*

Oberschenkelprobleme sind sehr oft mit dem Nichtannehmenkönnen der Sexualität und mit dem Ablehnen des eigenen Geschlechts verbunden.

*Unterleib*

Der Unterleib (Hara-Bereich) ist auf die Materie bezogen und sexuell orientiert.

*Leibmitte (Solar-plexus)*

Der Solar-plexus (Sonnengeflecht) ist das Zentrum der Gefühle.

*Unterer Rücken*

Sich selber annehmen und liebhaben des eigenen Ichs; sich selber ablehnen; sich selber nicht akzeptieren; Eigenhass.

*Mittlerer Rücken*

Lebenshaltung; wie du im Leben stehst; wie du das Leben annimmst.

*Oberer Rücken*

Materielle, intellektuelle und geistige Hilfe nicht annehmen können oder sich sehr danach sehnen. Mühe haben, sich im Leben zurechtzufinden.

*Oberkörper*

Der Oberkörper hat vorwiegend mit dem Gleichgewicht des Gebens und Nehmens zu tun. Das Herzzentrum ist das Zentrum der Liebe. (Nicht auf eine Art der Liebe wie z.B. Kinder-, Mann-Frau- oder Nächstenliebe beschränkt.)

*Schultern*

Wir tragen auf ihnen unsere Lebenslast oder die Verantwortung.

*Nacken*

Der Nacken ist der Sitz der Wut und der Aggressionen.

*Hände*

Kreatives Tun; Arbeit; Tätigkeit.

*Finger*

Überbewerten von Kleinigkeiten; zu sehr ins Detail gehen. Als Zusatzsymptome leisten Fingerverletzungen oder -probleme wertvolle Hinweise. Siehe auch Hände S. 113 ff.

*Ellenbogen*

Beweglichkeit im Tun.

*Arme*

Tätigkeit; Arbeit.

*Hals*

Kommunikation; Träger der Individualität; Beziehungen.

*Gesicht*

Selbstbewusstsein; Selbstsicherheit; Persönlichkeit.

*Nase*

Sexualität; Geschlechtsorgane.

*Kinn*

Wille.

*Stirn*

Gedanken.

*Kopfhaut*

Versteckte Individualität; an seiner «Fassade», Maske festhalten; Angst haben, sich zu zeigen.

## *Symptome bei Hautproblemen*

*Abszesse*

Zusammenziehen schlechter Gefühle auf einen Punkt; Verletztheit; Gefühl der Rache; die Einstellung «dem will ich's zeigen» haben.

*Akne*

Kleine Ärgernisse; Kontaktprobleme; Kommunikationsschwierigkeiten; unsichere Persönlichkeit; Persönlichkeitswandel (Pubertät); Unsicherheit.

*Ausschlag*

Wie ist der Ausschlag? Sieht er aus wie kleine Verletzungen? Ist er trocken, nass, eitrig, grossflächig? Sich bestrafen; Aufmerksamkeit erregen wollen; sich bemerkbar machen wollen; babyhaftes Verhalten.

*Ekzeme*

Irgendwer oder irgend etwas ist dir zu nah, engt dich ein; Überempfindlichkeit; Verletzungen der Persönlichkeit.
Mehr Luft und Raum fordern!

*Juckreiz*

Die ganze Palette von Selbstbefriedigung bis Selbstbestrafung und Selbstzerstörung ist im Juckreiz enthalten; Gewissensbisse; die Schuld der anderen auf sich nehmen; Unsicherheit.

*Pickel, Pusteln* siehe Akne.

*Rötung*

Unsicherheit; Schreckhaftigkeit; überspielte Unsicherheit; Ängstlichkeit.

*Schuppen*

Ablehnen (abstossen) der eigenen Persönlichkeit.

*Schweiss*

Unsicherheit; Ängstlichkeit; Angst; Panikgefühl; sich klein und unfähig fühlen.

• *Füsse:* Angst vor dem Weitergehen, vor der Zukunft; seinen Weg nicht sehen und erkennen.

• *Hände:* Angst vor der Arbeit, einer Tätigkeit, einem Tun.

• *Achsel:* Angst vor dem Versagen; sich überfordert fühlen.

• *Stirn:* Angst vor Versagen; etwas zu sehr mit dem

Kopf wollen; Angst vor dem Nichtverstehen, dem Sich-blossstellen, dem Blossgestelltwerden.
• *Kreuz:* Angst vor Sexualität; Angst, loszulassen und sich hinzugeben; Angst vor dem Ich.

*Warzen*
Selbstablehnung; Gefühl der Hässlichkeit; Schuldgefühle; sich selber nicht liebhaben; sich selber nicht annehmen können; sich selber nicht akzeptieren.

*Wolf*
Ablehnen der gegenwärtigen Situation; Auflehnung gegen Autorität; nicht mehr «mitspielen» wollen.

*Wundsein*
Es brennt unter der Haut; Groll; Wut; Hass; Unzufriedenheit; Ablehnung der gegenwärtigen Situation.

*Zysten* siehe Abszesse.

## HUSTEN, LUNGE, ATEMWEGE

Stell dir vor, du liegst am Strand. Wellen kommen und gehen in ruhigem, fliessendem Rhythmus. Stell sie dir bildlich vor. Höre sie! Das Kommen und Gehen. Dein Atem passt sich dem Rhythmus der Wellen an. Du fühlst in dir die Wellen. Die Wellen des Atems, die Fülle, das Zurückfluten. Bei jedem Einatmen fühlst du, wie sich die ganze Fülle des Meeres, die ganze Kraft des Kosmos in dir ausbreitet. Beim Ausatmen fliesst alles wieder ins Universelle zurück, nimmt allen Schmutz, alles, was nicht zu dir gehört, weg. Zurück bleibt Reinheit.

*Stille breitet sich aus.*

Falsche Atmung, blockierte Atemwege behindern den natürlichen Rhythmus. Sie erzeugen Unregelmässigkeiten, schlechte Reinigung, mangelhafte Versorgung des ganzen Organismus mit Energie.

*Was will ES dir sagen, wenn deine Atemwege blockiert sind?*

Deine Seele ist in ihrem natürlichen Rhythmus gestört. Ihr sanftes Schwingen, ihr Sich-Ausdehnen und Sich-Zusammenziehen wird auf irgend eine Weise behindert.

*Asthma* siehe Krankheitsbild Asthma S. 63 ff.

*Bronchitis*

Deine Seele fühlt sich in der Umgebung, in der du dich zur Zeit befindest, nicht wohl. In deiner Familie, in deinem Freundeskreis oder an deinem Arbeitsplatz bist du mit einem oder mehreren Menschen zusammen, die zuviele negative Schwingungen aussenden. In deiner nächsten Umgebung herrscht Unordnung bis hin zum Chaos. Oder hast du einen «Gefühlssalat»?

Grenze dich ab. Ziehe und zeige deine Grenzen. Die andern kannst du nicht ändern, aber du hast die Möglichkeit, bei dir zu bleiben und deinen Bereich mit weissem Licht zu schützen. Innere Ruhe und Harmonie helfen über die Klippen hinweg. Schaffe dir eine ruhige Umgebung, einen Raum oder eine Ecke, wo du mit dir allein sein kannst.

*Entzündung*

Unterdrückte Wut; innerliches Kochen. Toleranz und universelle Liebe sind hier die «Feuerwehr».

*Heuschnupfen*

Lass dich nicht vom Kalender tyrannisieren. Lebe im Jetzt und nicht in der Zukunft.

Siehe auch Schnupfen und Allergie S.165 und 47 ff.

*Heiserkeit*

Unaufrichtigkeit; nicht zu sich selber stehen; sich ablehnen; etwas sagen, das man gar nicht ehrlich meint und/oder nicht sagen sollte/möchte; sich selber unter Zwang setzen.

*Husten*

Ärger und Kritik sind schlechte Wegbegleiter. Verabschiede dich von ihnen, und dir wird bald wohler in deiner Haut.

*Husten mit Auswurf*

Irgend etwas musst oder willst du loswerden; du erstickst fast in Altem und Nichtverdautem; du fühlst dich im Moment in deinem Leben nicht so ganz wohl. Lass los, schau vorwärts. Setz dir ein Ziel und geh darauf zu.

*Infektion*

Intoleranz; Engstirnigkeit; Gereiztheit; Ängstlichkeit; Unsicherheit; mangelndes Selbstvertrauen; «Umstandskrämer» (das heisst, ein Mensch, der sich das Leben sehr kompliziert macht); Unzufriedenheit; überfordert sein; etc.

Es gibt so viele Arten von Infektionen, dass die verschiedensten Ursachen die Bereitschaft zu dieser Krankheit auslösen können. Auf keinen Fall solltest du das Genannte zu stur oder zu dogmatisch nehmen. Halte dich mehr an die Begleitsymptome und an das «wie oft?».

*Kehlkopfentzündung*

Angst, sich selber zu sein; Unsicherheit; Probleme mit Sichausdrücken; Auflehnung gegen Autorität und Unterdrückung.

*Lungenentzündung*

Lebensüberdruss; Lebensmüdigkeit; nicht mehr weitergehen wollen. Ein kurzer Textausschnitt aus dem Buch *Esoterisches Heilen* von *A. A. Bailey: «... kommt es zu einer Krankheit manchmal auch deswegen, weil sich die Seele aus ihrer Behausung zurückziehen will, und dabei ist das Krankwerden ein Teil dieses Vorganges.»*

*Lungenprobleme*

Der Austausch von Geben und Nehmen ist nicht harmonisch; Angst vor dem Leben; Angst, zu leben.

*Mandelentzündung*

Seine Gefühle nicht zeigen können oder dürfen; unterdrückte Angst und/oder Wut; sich wehren gegen Unterdrückung und Autorität.

*Mandelschwellung*

Mehr Aufmerksamkeit fordern; Gefühle sollten mehr beachtet werden.

*Mundatmung*

Damit nimmst du dir die Möglichkeit, genügend kosmische Energie aufzunehmen. Im Mund fehlt die «Vorrichtung», um Prana, Chi, Orgon, bioplasmische Energie und wie es immer genannt wird, aufzuehmen. Müdigkeit und Nervosität sind die Folge.

*Nasenprobleme*

Erlaube dir, mehr Spass am Leben zu haben. Die Nase steht in engem Zusammenhang mit den Sexualorganen. Prüfe dein körperliches Gefühlsleben. Ist da alles in bester Ordnung?

*Nervöser Husten*

Hab dich lieb und steh zu dir; Unsicherheit; sich selber nicht annehmen können; sich selber als unausstehlich, schlecht, hässlich, untauglich etc. sehen; Angst vor dem Sprechen haben.

Notizen:

*Wenn die Quelle hervorbricht,*
*so weiss sie freilich zunächst nicht,*
*wohin.*
*Aber sie füllt*
*durch ihr stetiges Fliessen*
*die tiefe Stelle,*
*die sie am Fortschritt hindert,*
*aus,*
*und dann ist der Erfolg da.*

*I Ging, Das Buch der Wandlungen,*
*4. Mong, die Jugendtorheit*

# INNERE ORGANE

Probleme mit den inneren Organen — Leber, Niere und Galle — haben als innere Begleiter fast immer Unzufriedenheit, Kritik am Mitmenschen, unterschwelligen Groll, Wut oder Hass. Diese Leiden haben fast dieselben Ursprungssymptome wie Rheuma, Arthritis, Arthrose und Gicht (s. S 57). Je nach Veranlagung, äusseren Umständen und «Entwicklungsstufe» eines Menschen schlägt sich diese negative Lebenseinstellung mehr auf rheumatische Erkrankungen oder aber auf die inneren Organe nieder.

Von innerstem Herzen lieben, ehrliches Verzeihen, annehmen und akzeptieren der Lebenssituation, das *Hier* und *Jetzt* geniessen — all das wirkt sich lindernd und heilend aus.

Dieses Sein zu erlernen, fordert intensive und disziplinierte Arbeit an sich selber. Es gibt viele sehr gute Therapieformen, die helfen, in sich ehrliche Liebe, Gleichmut und Sanftmut zu erlernen. Jeder Mensch hat seinen eigenen, ganz persönlichen Weg, den er gehen soll und muss. Es ist praktisch unmöglich, in einem Buch eine allgemeingültige Empfehlung zu einer Therapieform zu geben.

Hast du dich entschlossen, mit jemandem zusammenzuarbeiten, empfielt es sich, einige Hinweise zu beachten:

- Viele Diplome machen noch lange keinen guten Therapeuten. Es gibt Menschen, die keine papierenen Ausweise haben, dafür umso liebender und feinfühliger sind.

- Wenn ein Therapeut von noch so vielen Leuten empfohlen und gelobt wird — DEIN erster Eindruck ist wichtig und entscheidend. Nur wenn du von Anfang an zu jemandem Vertrauen und eine gewisse Zuneigung hast, ist es auch möglich, dich voll und ganz zu öffnen und dein Innerstes zu zeigen. Dies ist jedoch die wichtigste Voraussetzung für eine intensive und fruchtbare Zusammenarbeit.

- Leider gibt es auch bei Heilern und Helfern, wie überall, ungeeignete Menschen, die nur auf ihren eigenen Vorteil bedacht sind, mit eigennütziger, selbstherrlicher und selbstsüchtiger Einstellung. Vor ihnen sei speziell gewarnt. Sie versuchen oft, mit zum Teil sehr verwerflichen Tricks, ihre «Patienten» abhängig zu machen. Sicher ist oft ein kleiner Druck oder eine Aufmunterung seitens des Helfers zum Weitergehen und Fortsetzen der Therapie notwendig und auch gut. Dies sollte aber auf keinen Fall auf eine zwingende Art geschehen.

- Eine teure Therapie ist nicht immer mit einer guten Therapie gleichzusetzen. Nimm auch mit anderen Gruppen und Helfern Kontakt auf und mache «Preisvergleiche».

- Erste Voraussetzungen für einen Helfer, Heiler oder Therapeuten sind der ehrliche Wunsch, den Menschen zu helfen und allumfassende Liebe zur Kreatur. Liebe in ihrer reinsten Form ist unser Gut der Zukunft. Licht und Liebe sind das anstrebenswerte Ziel, sind die Schlüssel, die alle Türen, und seien sie noch so verschlossen, öffnen. Geduld, Verständnis und Mitgefühl sind die ständigen Begleiter von Licht und Liebe.

*Liebe deinen Nächsten WIE dich selbst!*
Auch hier, wie immer, musst du bei DIR beginnen. DICH lieben und akzeptieren, DIR das Leben und die Freude gönnen, DIR erlauben zu leben und zu lieben ... und du wirst sehen, dass du dein Nebenan, und wenn er noch so anders ist als du, viel besser verstehen wirst, sein Tun nicht mehr so hart kritisieren musst...
Und ein kleines Geheimnis:
Mit Liebe und Verständnis erreichst du viel, viel mehr als mit harten, kritisierenden Worten und Verboten.

Mitfühlend, geduldig und verständnisvoll sein hat nichts zu tun mit sich ausnützen lassen!
Zeig, wer du bist. Melde deine Bedürfnisse mit Ich-Botschaften an. Zeige deiner Umgebung, was du brauchst, was du möchtest, was du fühlst. In dir wollen; in dir stark sein; deiner selbst sicher sein — damit öffnest du dir je-

des Tor, ist jeder Weg für dich gangbar. Grundvoraussetzung ist jedoch, dass du dich selber magst, dass du dich selber liebhast und dich annimmst und akzeptierst.

Immer und immer wieder das Gleiche: Bleib bei DIR, arbeite mit DIR, reinige und ändere DICH, soweit es notwendig ist. Aber bitte «vergewaltige» dich nie! Tue etwas nur, wenn es für dich stimmt. Tue etwas nicht einfach, weil es irgend jemand gesagt hat, du es irgendwo gelesen hast oder irgend jemandem zuliebe. Immer bist es DU, der prüfen und für gut empfinden muss. DU bist es, der die Änderung annehmen und ausführen muss. Immer bist DU es, der das letzte Wort hat und zu allem, was deinen Weg und dein Weitergehen betrifft, Ja oder Nein sagen kann. Immer bist Du es, der schlussendlich die Konsequenzen zu tragen hat. Und dazu gibt es nur ein Sein:

*Sei DU und bleibe dir selber treu!*

*Blasenprobleme*

Sich an alten Ideen und Begebenheiten festklammern; in die Kindheit oder Babyzeit flüchten wollen; Angst vor der Gegenwart und der Zukunft haben; Ängstlichkeit; Gefühle des Besiegt-seins und des Aufgeben-wollens.

*Blasenentzündung*

Hier liegen die gleichen Grundursachen vor, wie bei anderen Blasenproblemen, nur dass die Probleme von unterschwelliger Wut, Groll oder Hass begleitet sind. Du wirst am «Erwachsensein» gehindert.

*Gallenprobleme*

«Gift und Galle speien» ist eine Redensart, die du sicher auch schon gehört hast. Gallenprobleme deuten auf Bitterkeit, Unzufriedenheit, Unbeherrschtheit, Jähzorn hin.

*Gallensteine*

Harte Gedanken; Kritik; Unzufriedenheit; Härte gegen sich selber; Engherzigkeit; Kleinlichkeit; Pedanterie.

*Leberprobleme*

Unterdrückung; Auflehnung; Unzufriedenheit; Selbstmitleid; Kritik; Nörgeln; niedere Gefühle. Die Leber ist das Zentrum der Wut.

*Leberentzündung*

Wut; Hass; Jähzorn; Unzufriedenheit. Bei Suchtverhalten ist die Leber besonders gefährdet. Aber auch hier ist der Auslöser vorwiegend Intoleranz, unterschwellige Wut und nicht an die Oberfläche kommende Aggressionen.

*Milzprobleme*

Gefühle des Besiegt-seins; Aufgeben-wollen; Nicht-mehr-weitergehen-wollen; Angst vor der Zukunft.

*Seitenstechen*

Die Gegenwart nicht annehmen; Angst vor der Zukunft; sich im Leben nicht mehr zurechtfinden (kann auch nur kurzfristig sein).

*Nierenprobleme*

Kritik; Überempfindlichkeit; Voreingenommenheit; zuviel von der Zukunft verlangen; «wenn ich das und das habe, oder das und das ist, ist alles viel besser»; die Gegenwart nicht annehmen können.

*Nierensteine*

Harte Gedanken; Härte sich selber und dem Leben gegenüber; sich selber und andern keine Freude gönnen; Neid.

*Wer wirklich*
*etwas tun will,*
*der findet*
*einen Weg.*

*Die andern*
*eine Entschuldigung.*

*aus dem Kalender «Brot für Brüder»,*
*26. März 1985*

# OHRENPROBLEME

Wen oder was willst oder wolltest du nicht hören? Auf wen oder was hast du eine Wut? Wer oder was ist dir zu nah? Welcher Lebensabschnitt oder welche Begebenheit in deinem Leben macht dir Angst?

Nichtsfordernde Liebe, dein Nebenan akzeptieren, grosszügig denken, verzeihen wirken wie Wundermittel. Überwinde dich und denk in Liebe genau an die Person, die dich am meisten verletzt hat, an den Menschen, auf den du eine Wut oder gar Hass hast. Jeder Mensch hat eine positive, liebenswerte Seite; versuche sie zu erkennen und zu sehen.

Lehne nicht alles unbesehen ab. Höre zu, prüfe das Gesagte und entscheide, ob du es in dein Leben herübernehmen kannst.

*Ohrenschmerzen sind oft Sturmwarnungen.*
Übersieh und überhör sie nicht! Ist der Schmerz auf der rechten Seite, ist der «Störsender» deine weibliche Seite oder eine Frau, links deine männliche Seite oder ein Mann, die/den du nicht hören willst. Oder willst du über deine männliche oder weibliche Seite nichts hören? Vielleicht gehen dir dein Ehepartner, deine Eltern, ein Mitarbeiter, dein Chef auf die Nerven?

Möglichkeiten gibt es viele. Schau dich um: Mit wem bist du nicht im reinen? Wessen Worte verletzen, schmerzen dich? Wer in deiner Nähe ist zu laut? Wer kommt mit ausgesprochenen oder unausgesprochenen Problemen zu dir und du willst sie nicht hören?

Eine klare, deutliche Aussprache mit Ich-Botschaften ist nötig, um Missverständnisse und Unklarheiten aus dem Weg zu räumen. Ist eine «normale» Verständigung, ohne sich gleich anzuschreien und zu streiten, nicht mehr möglich, bitte eine neutrale Person um Mithilfe. Aber Achtung: Eltern, Freunde oder Geschwister sind selten neutral genug, um ideale Mittlerpersonen zu sein.

### *Richtiges Zuhören*

Die Aufgabe des Dritten besteht darin, genau zuzuhören. Sobald er bemerkt, dass das Gesagte nicht richtig verstanden wurde, muss er (oder sie) eingreifen. Er kann dann zum Beispiel bitten, das Gesagte nochmals, vielleicht mit anderen Worten zu wiederholen; dies solange, bis der Zuhörer klar und deutlich verstanden hat. Die Mittlerperson kann bei Unklarheiten auch selber zurückfragen. Zum Beispiel so: «Habe ich das richtig verstanden; du meinst mit dem Gesagten das und das?». Oder: «Das, was du gesagt hast, habe ich so und so verstanden.

Meinst du wirklich genau das damit?». Oder: «Das ist aber nicht die Antwort auf die vorherige Frage. Die Frage lautete......».

Auf keinen Fall darf die Mittlerperson für einen der Beteiligten Partei ergreifen, sonst ade du schöne Neutralität. Hingegen darf sie, bei ganz groben Fehlern, den einen oder andern sanft auf die fehlerhafte Haltung aufmerksam machen. Aber bitte nicht mit Angriffen, Anschuldigungen und «du musst...» und «du bist...».

Ideale Voraussetzung für alle Beteiligten ist, sich mit den Lehren und Techniken von Carl Rogers*) vertraut zu machen.

Freudiges, bejahendes Zuhören, ohne die Probleme des anderen zu übernehmen, hilft, dein Nebenan besser zu verstehen und somit Missverständnisse abzubauen.

Beschäftige dich mit dem Thema, das dir Angst macht. Sprich darüber, lies darüber, suche Gleichgesinnte, und du wirst sehen, das Ganze verliert die undeutliche, verschwommene Schreckensgestalt. Das angstmachende «Ding» nimmt Form an, und du kannst es in den Griff bekommen.

Spitze deine Ohren und hör deinem Nebenan einmal zu. Vielleicht sagt er genau in diesem Augenblick das, was für dich so wichtig ist. Vielleicht findest du in seinen

---

*) Carl R. Rogers, Die Kraft des Guten, Partnerschule, Fischer TB 42271 oder 42236

Worten genau das Steinchen, das du in deinem Mosaik so dringend bräuchtest.

Trenne leeres Geschwäz und sinnvolles Reden. Klatsch über andere sollte eigentlich total aus deinem «Repertoire» gestrichen werden, denn alles — Gutes wie Schlechtes — kommt zu dir zurück.
Darum: *hüte deine Zunge, damit deine Ohren deine schlechten Worte nie zu hören bekommen.*

### *Ohrenprobleme bei Babies und Kleinkindern*

Bei Babies und Kleinkindern sind es fast immer ein Elternteil, Grosseltern oder sonst eine häufig anwesende Bezugsperson, die das Wohlbefinden des kleinen Erdenbürgers stören.

Gründe können sein:
Zu laut sein; zuviel fluchen, Babies mögen Kraftausdrücke nicht; unkontrolliertes Verhalten; in Disharmonie sein; unbefriedigt sein wegen der familiären Verhältnisse, des Arbeitsplatzes, der sozialen Stellung, der finanziellen Lage, des Wohnortes etc.; Prestigedenken; vom Kind zuviel verlangen; nörgeln; das Kind kann nichts recht machen etc.

Übrigens wirken sich alle diese Ursachen nicht nur auf Babies negativ aus. Aber Babies haben keine Möglichkeit, sich davor zu schützen.

### *Ohrenprobleme bei grösseren Kindern*

Liebe Eltern, schaut euch einmal zu: Wie oft benutzt ihr euer Kind als Blitzableiter? Wie oft lasst ihr euren Frust an ihm aus? Überlegt euch einmal, warum euch euer Kind heute so nervt. Ist es wirklich das Kind, das ungezogen und nicht «lieb» ist?

Wenn dir wirklich einmal so ein «Betriebsunfall» passiert ist und du dein Kind wegen nichts angeschrien hast, nimm allen Mut zusammen und erkläre deinem kleinen Spatz, warum dir die Nerven durchgegangen sind. Sei ehrlich! Kinder haben dafür eine feine Antenne. Entschuldige dich bei ihm und bitte es, heute ein bisschen Geduld mit dir zu haben. Kein Kind ist zu klein dazu, eher schon zu alt und zu sehr in Geleisen festgefahren, um das zu verstehen. Viel Verständnis, Toleranz und Liebe sind auf beiden Seiten notwendig, um sich in Harmonie und Gesundheit zu finden.

Es ist schon ein harter Brocken, wenn ich sage, dass Sturheit, Starrköpfigkeit, abweisend und verschlossen sein Ursachen von Schwerhörigkeit sind. Sag bitte jetzt nicht sofort: Das geht mich sowieso nichts an, ich bin nicht so. Zieh dich ins stille Kämmerlein zurück und schau dich einmal wie einen Aussenstehenden an: Bist du nicht ein bisschen stur, abweisend und eigensinnig? Sei ehrlich zu dir; den anderen musst du es ja nicht auf die Nase binden.

Lösend und helfend ist es, wenn du an dich gerichtete Worte nicht so schwer nimmst. Selten sind unangenehme Worte wirklich für dich bestimmt. Dein Gegenüber braucht einfach ein Ventil, um seine Aggressionen abzulassen und du bist ihm leider in die Quere gekommen. Tut es dir nachher auch oft leid, wenn dir ungewollte, böse Worte herausgerutscht sind? Hast du dann jedesmal den Mut, dich sofort zu entschuldigen? Du kannst von deinem Mitmenschen nicht mehr als von dir verlangen. Sollten dir einmal in der Hitze des Gefechtes verletzende Worte herausrutschen und du verpasst die Gelegenheit, dich zu entschuldigen, schliesse die Person in deine Heilmeditation ein. Das schliesst aber eine persönliche Entschuldigung unter keinen Umständen aus.

*God calling (Gott ruft)* *)

*«Bereue nichts, auch nicht Sünde und Versagen. Der Mensch ist so beschaffen, dass er das Gewicht von vierundzwanzig Stunden zu tragen vermag — nicht mehr. Sobald er sich von den vergangenen Jahren und den bevorstehenden Tagen niederdrücken lässt, bricht sein Rücken. Ich hab' euch versprochen, euch nur mit der Last des heutigen Tages behilflich zu sein; die Vergangenheit hab' ich von euch genommen, und wenn es euch, törichte Herzen, beliebt, diese Last nochmals aufzunehmen, dann spottet ihr meiner in der Tat, wenn ihr erwartet, dass ich sie mittrage. Auf Wohl oder Wehe ist jeder Tag zu Ende. Was noch zu leben ist, die nächsten vierundzwanzig Stunden, denen müsst ihr beim Aufwachen entgegensehen.*

*Wer eine Wanderung macht, trägt nur das bei sich, was er für den Marsch braucht. Hättet ihr Mitleid mit ihm, wenn ihr sähet, wie er auch noch das erdrückende Gewicht der abgetragenen Stiefel und Kleider vergangener Wanderungen und Jahre trägt? Und dennoch, im mentalen und spirituellen Leben tun die Menschen so etwas. Kein Wunder, dass meine arme Welt betrübt und erschöpft ist.*
*So dürft ihr nicht handeln!»*

---

*) aus: God calling, By the two listeners, Ed. by A. J. Russel, Evesham: Arthur James, 1971 (29. Aufl.)
enthalten in:
Georges Trevelyan, Eine Vision des Wassermann-Zeitalters, GTP Verlag Freiburg i. B.

# RÜCKEN

Bezeichnend sind Ausdrücke wie: «Du musst mehr Rückgrat zeigen!» oder: «Er hat Rückgrat.».

Was heisst das?
Mehr zu dir stehen; dich nicht wie eine Wetterfahne nach dem Wind drehen; dir deine eigene Meinung bilden und dazu stehen; nicht immer nur tun, was andere von dir wollen; nicht labil sein.

*Bedeutung der einzelnen Rückenpartien*

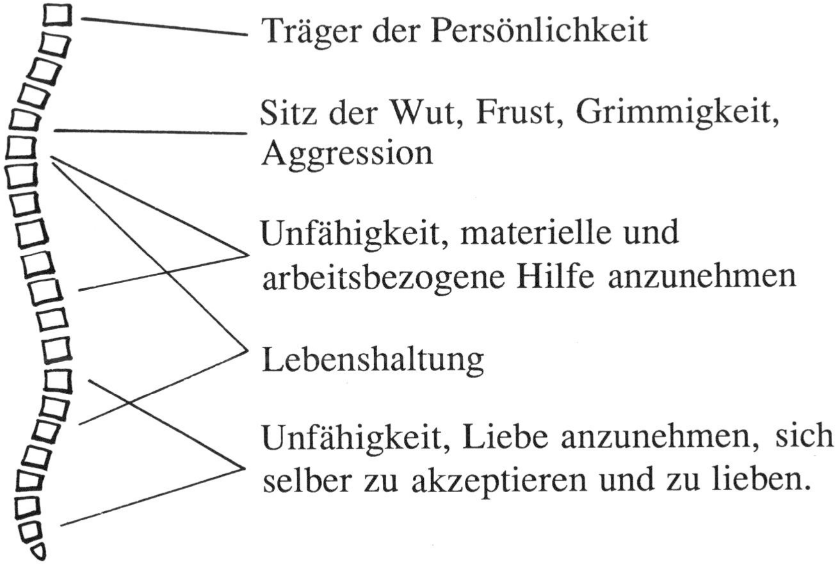

Rückenschmerzen sind nicht einfach Rückenschmerzen. Erst das Wo und Wie geben Hinweise auf die wirkliche Urache:

- Ausstrahlungen nach links deuten, wie fast immer, zur männlichen, nach rechts zur weiblichen Seite hin.

- Chronische Rückenschmerzen zeigen jahrelanges «Fehlverhalten» und «falsch leben» an.

- Auch Rückenschmerzen, die durch einen Unfall entstanden sind, sind wegweisend; sogar, wenn es ein «unverschuldeter» Unfall war.

- Von einem Arzt als «unheilbar» abgestempelte Rükkenschmerzen können abflauen und verschwinden, wenn du bereit bist, deine innere und deine intellektuelle Haltung den Wünschen deiner Seele anzupassen.

- Rundrücken bei Jugendlichen können folgende Ursachen haben:
  Zu strenge Eltern; Unterdrückung; erdrückende oder besitzende «Liebe» einer Bezugsperson; Überängstlichkeit oder Überbesorgtheit der Eltern; nicht «gross», erwachsen werden wollen oder an der natürlichen Entwicklung gehindert werden; «Babymutter» etc.

- Langjährige Unterdrückung, unterdrückte Wut und Aggressionen können sich im oberen Rückenbereich und im Nacken festsetzen und zu einem «Buckel» führen. Auch das Übernehmen einer fremden Last und nichteigener Probleme beugt den Rücken vorwiegend im oberen Bereich.

- Verspannungen und Schmerzen im oberen Rückenbereich und bei den Schulterblättern zeigen an, dass du Mühe hast, materielle und arbeitsbezogene Hilfe anzunehmen.

- Ischias: verletzte Liebesgefühle; das Gefühl haben «ich werde nur geliebt, weil ... »; die Liebe, die du gibst, wird nicht oder nur mangelhaft erwidert; die von dir geliebte Person ist auf einer anderen «Ebene» und versteht dich nicht oder zuwenig; Enttäuschung; Frust in «Liebesangelegenheiten».

- Sind die Schmerzen im unteren Rückenbereich, in der Kreuzgegend, kannst du Liebe nicht annehmen; du lässt es nicht zu, dass dich jemand liebt; du hast dich selber zu wenig lieb; du zeigst gegen aussen die «starke», rauhe Seite; du lehnst Gefühle ab, die dir entgegengebracht werden. Mit all diesen Seinszuständen ist dein Kreuz nicht einverstanden und meldet sich. Hab dich lieb; damit ermöglichst du auch den andern, dich lieb zu haben.

- Blockaden im Rückgrat unterbrechen den Lebens- und Energiefluss. Das Finden der Ursache der Blockade ermöglicht dir, deine Leiden abzubauen. Auch hier ist das Einbeziehen von vorhandenen Körper- und Gefühlssymptomen sehr aufschlussreich und wichtig.

- Bandscheibenleiden zeigen dir deine Lebenseinstellung und Lebenshaltung. Auch Unentschlossenheit und Schwierigkeiten im Hilfeannehmen können zu diesem Leiden führen.

# SCHULTERN

Stell dir vor, du trägst einen Rucksack. Du hast ihn gut gepackt, das Gepäck ist gut verteilt. Er drückt nirgends und die Last ist gut zu tragen.

Jetzt stell dir weiter vor, du hast den Rucksack ungleichmässig gepackt. Auf der einen Seite hast du alle schweren Dinge verstaut, auf der anderen alle leichten. Es ist schon unangenehmer, den Sack zu tragen.

Und jetzt stell dir vor, wie es sich auswirkt, wenn du alles Gepäck von der letzten Reise, alles, was du im Moment nicht brauchst, auch noch dazupackst. Deine Last ist recht schwer geworden und drückt dich nieder.

Und jetzt stellst du dir vor, du musst zusätzlich zu deiner Bagage noch die Last einer anderen Person mitschleppen. Leider lässt sich diese Last nicht schön gleichmässig verteilen; sie hängt nur auf einer Seite, rechts oder links. Jetzt wird es langsam ungemütlich. Die Schulter, die die doppelte Last zu tragen hat, beginnt zu rebellieren, sie meldet Schmerz.

Es ist die Lebenslast, die du in deinem Rucksack trägst. Im Normal- oder Idealfall erträglich. Manchmal ein bisschen schwerer, manchmal bisschen leichter, aber immer tragbar, nicht allzu störend.

Schleppst du zuviel Altes mit, ist deine Last zu schwer, so schmerzen dich beide Schultern. Es ist höchste Zeit, «Frühlingsputz» zu machen und alles Alte, nicht mehr Brauchbare wegzuwerfen. Das heisst soviel wie: Löse dich von alten, nur noch belastenden Beziehungen und Bindungen. Lege alte Streitereien beiseite; sie machen dich nur krank, und erreichen kannst du doch nichts mehr. Verzeih denen, die dich verletzt haben, die dir Böses angetan haben. Dein Leben wird viel schöner und leichter, wenn du es fertigbringst, dem Menschen, den du am meisten hasst, ehrliche Liebe, Verzeihen und gute Gedanken zu senden. Ich weiss, das ist recht schwer zu verwirklichen. Versuche es; es ist machbar! Übe dich darin, du tust auch DIR damit Gutes.

Schmerzt dich deine *rechte Schulter*, dann hast du vermutlich die Sorgen, die Probleme und die Last einer Frau auf dich genommen, oder aber du hast in dir zu starke Muttergefühle aufkommen lassen.

Die *linke Seite* zeigt dir, dass du dich bei einem Mann zuwenig abgrenzt, oder dass deine väterliche Seite zu stark dominiert. Die Last, für jemanden zu sorgen, ist dir zu schwer.

Es kann auch sein, dass du dein weibliches (rechts) oder dein männliches (links) Dasein zu schwer nimmst.

Jeder Mensch hat seine Last, sein Leben selber zu tragen. Gib fremde Last zurück. Belaste dich nicht mit Problemen, die nicht in deinen Rucksack gehören. Das heisst jetzt aber nicht, dass du für einen anderen Menschen nicht sorgen darfst, ihm nicht helfen sollst, seine Bürde, sein Kreuz zu tragen. Du darfst nur seine Probleme nicht zu den deinen machen, nicht dein Leben um des anderen willen «verpassen». Du darfst dich nicht von der Last eines anderen erdrücken lassen.

Lies das oben Geschriebene bitte unbedingt mit dem Herzen, mit deinem Gefühl. Es ist einfach nicht möglich, dieses Sein mit dem Kopf verstehen zu wollen. Es tönt dann sofort zu hart, zu egoistisch oder zu gleichgültig. Liebe zu deiner Schwester, zu deinem Bruder, zu deinem Nebenan, Mitgefühl, Hilfe, wenn jemand zu dir kommt, sei dazu immer und sofort bereit.
Aber bitte: *Bleib bei dir, belaste dich nicht und lasse dich nicht ausnützen.*

Notizen:

*Die Zeit*

*Es gibt ein sehr probates Mittel,*
*die Zeit zu halten am Schlawittel:*
*Man nimmt die Taschenuhr zur Hand*
*und folgt dem Zeiger unverwandt.*

*Sie geht so langsam dann, so brav*
*als wie ein wohlgezogen Schaf,*
*setzt Fuss vor Fuss so voll Manier*
*als wie ein Fräulein von Saint-Cyr.*

*Jedoch verträumst du dich ein Weilchen,*
*so rückt das züchtigliche Veilchen*
*mit Beinen wie der Vogel Strauss*
*und heimlich wie ein Puma aus.*

*Und wieder siehst du auf sie nieder;*
*ha, Elende! — Doch was ist das?*
*Unschuldig lächelnd macht sie wieder*
*die zierlichsten Sekunden-Pas.*

*Christian Morgenstern,*
*Galgenlieder, Der Gingganz, dtv*

Stress (wirklich ein praktisches Wort); sich unfrei fühlen, zeitlich oder durch eine Person unter Druck sein; familiäres und/oder geschäftliches Durcheinander bis Chaos; ungelöste Meinungsverschiedenheiten; kleine Verletzungen; unfairer offener oder versteckter Streit; nahe mit jemandem zusammen wohnen oder arbeiten müssen, der mit sich und der Welt unzufrieden ist; Spannungen; Glaube an jahreszeitbedingte Erkrankungen.

*Take it easy! — Nimm's leicht!*

Indem du dich zu sehr mit einer Sache oder mit einem Menschen identifizierst, dich zu tief mit den Problemen deiner Umgebung beschäftigst, gefährdest du deine Gesundheit. Prüfe dich und deine Umgebung: Wo kommen fremde Probleme zu nahe an dich heran? Hast du es erkannt, besteht die Möglichkeit, den Platz zu verlassen und woanders weiterzumachen. Das würde heissen, dass im Moment die prekäre Situation aufgehoben ist. Aber der Schein trügt. Wir werden immer und immer wieder mit der gleichen Situation konfrontiert, bis wir es geschafft haben und darüber stehen.

Also ist Flucht nur eine kurzfristige Lösung und sollte nur in äussersten Notfällen angewandt werden.

Und die richtige Lösung?
Sie richtet sich nach der jeweiligen Situation:

*Familiäre Probleme*

- Offene Aussprachen mit Ich-Botschaften wirken Wunder. Schau dir das Bild und den dazugehörigen Text auf Seite 28 nochmal genau an. Lies auch die anderen Krankheitsbilder, vorwiegend die über Ohrenprobleme und Asthma.

- Ein Kursbesuch oder das sich beschäftigen mit der Anwendung der Carl Rogers-Technik*) bewährt sich auch noch bei vielen anderen Gelegenheiten.

- Partner auf privater und geschäftlicher Ebene, auch Eltern und Kinder, sollten sich viel mehr Freiheit und Raum zugestehen.

- ZUSAMMEN Eifersucht, Besitzansprüche, Druck- und Tyranneisituationen abbauen. Wenn notwendig, mit einer neutralen Drittperson. (Eltern, Geschwister, Freunde sind selten neutral genug.)

---

*) Carl R. Rogers, Die Kraft des Guten, Fischer TB Nr. 42271

*Privater Zeitstress:*

- Grosszügiger planen; nicht alles auf einmal wollen; nicht immer das Gefühl haben, etwas zu verpassen; den Mut haben, NEIN zu sagen; den Mut haben, einen Auftrag oder eine Einladung zurückzuweisen.

- Schenk dir Zeit — einen Moment, eine Stunde, einen Tag, vielleicht sogar eine Woche — die einfach dir gehört. Zeit, in der du tun und lassen kannst, was du willst. Mach einmal Pause ohne ein schlechtes Gewissen zu haben. Bitte deine Familie, deinen Partner um Verständnis und gewähre ihm das Gleiche.

*Geschäftlicher Zeitstress:*

- Was nicht geht, geht einfach nicht! Das hat nichts zu tun mit «kein Geschäftsinteresse haben». Weise langandauernden Zeitdruck zurück. Die Arbeit sollte bei chronischem Zeitdruck neu eingeteilt werden. Kurzfristiger Volleinsatz macht Spass und führt, wenn alles andere stimmt, NICHT zu Erkrankungen.

- Bist du mit den jetzigen beruflichen Anforderungen überfordert, hab den Mut, die Stelle zu wechseln. Weise den Gedanken «Was denken auch die anderen von mir?» ganz energisch zurück. Niemand nimmt dir hinterher das Kranksein oder den Unfall ab, wenn's zuviel war.

- Vergiss bitte auch nie, dass andere auch etwas können. Bist du überbelastet, gib einen Teil deiner Arbeit weiter. Du bleibst trotzdem der «Unentbehrlichste» und der «Beste»!

- In deinem Terminplan solltest du mehr Zeit für Unvorhergesehenes einplanen. Überbeschäftigt und gestresst sein ist nicht mit produktiv sein gleichzusetzen.

- Das alles sagt sich so leicht. Auch ich weiss um die Probleme, die es gibt, wenn du den Mut hast und dich «Uraltem» entgegenstellst. Gehst du dabei mit Fluchen und Zetern vor, verbrauchst du nur deine Energie und kommst nicht vorwärts. Selbstvertrauen (Du bist nämlich viel besser, als du glaubst!), Selbstbewusstsein, Selbstsicherheit und Ich-Botschaften sind die Werkzeuge, um dich durchzusetzen, um «unüberwindliche» Schranken abzubauen.

*Stempeluhr-Krankheit:*

- Dazu kann ich dir einen ganz doofen, aber sehr wirksamen Rat geben: Steh fünf Minuten früher auf! Zu einfach? Muss denn immer alles kompliziert sein?

- Geht es mit der Tram-, Bus- oder Bahnverbindung nicht auf, sprich mit deinem Chef oder Vorgesetzten. Sicher findet ihr eine für beide Seiten positive Lösung. Auch hier sind Ich-Botschaften sehr wichtig.

- Und noch ein Geheimtip (bitte dem Chef nicht weitersagen): auch wenn es einmal rot stempelt, nimm's leicht; deswegen geht die Welt noch lange nicht unter.

- Setze alle deine Kräfte und deinen Willen ein, um Druck- und Zwangssituationen zu vermeiden und abzubauen. Das ist eine Arbeit, die sich nicht in einem Tag erledigen lässt. Auch hier bringen Durchhaltewille und Geduld bald den erwünschten Erfolg.

*Negative Umgebung*

- Bist du gezwungen, mit einer negativen, unzufriedenen Person in engem Kontakt sein zu müssen, mit ihr zusammen arbeiten oder auf engem Raum zusammen wohnen zu müssen, distanziere dich innerlich von ihr. Nimm ihre Probleme nicht auf dich. Steh zu dir, indem du mit klaren, deutlichen Ich-Botschaften dein Sein, deine Gefühle zeigst. Lichtmeditation ist jederzeit, auch bei der Arbeit möglich (siehe Meditationsteil S. 195). Schliesse den unzufriedenen, «negativen» Menschen in deine Heilmeditation ein.

- Beschäftige dich selber mit positiven, aufbauenden Dingen und vermeide intensive, aufreibende Gedanken über negatives Tun und Sein.

- Prüfe dich selber, ob du nicht auch von der Negativität, die dich bei der anderen Person so sehr stört, selber in dir hast. Sei ehrlich; dich durch die «rosarote Brille» anzuschauen, nützt nichts!

- An unangenehmen, negativen Gegebenheiten können deine innere Ruhe, deine innere Kraft, dein inneres Gleichgewicht (Ja nicht mit Gleichgültigkeit verwechseln!) wachsen.
  Versteh mich bitte recht: das heisst auf keinen Fall, dass du dir alles gefallen lassen sollst. Steh auf eigenen Füssen. Steh zu dir, sei DU, sag wer du bist, sag wie du fühlst, sag was du willst! Hab aber unendlich viel Geduld und Liebe mit deinem Nebenan.

- Grosszügigkeit, Toleranz, Verständnis, Mitgefühl (nicht Mitleid) sind alles Zauberschlüssel zum Herzen des anderen.

- Einen kleinen, ganz grossen Text aus der Bibel möchte ich dem vorher Gesagten beifügen:

*Nun aber bleibt Glaube, Hoffnung, Liebe,*
*diese drei:*
*aber die Liebe*
*ist die grösste unter ihnen.*

*1. Korinther 13.13*

*Niesen*

*Was passiert, wenn du niesen musst?*
Tausende von kleinen Wassertröpfchen werden mit unvorstellbarer Geschwindigkeit davongeschleudert. Schau einem Hund zu, wenn er aus dem Wasser kommt. Er macht eigentlich genau dasselbe, nur ein bisschen langsamer. Er schüttelt sich und schleudert alles Wasser, das zuviel ist aus seinem Fell.
Wir Menschen sind noch ein bisschen langsamer, aber tu's doch auch! Schüttle dich, schüttle alle unangenehmen und störenden Dinge aus deinem «Fell». Du wirst genauso Erleichterung spüren wie nach dem Niesen.

Notizen:

*Von den Kindern**)

*Eure Kinder sind nicht eure Kinder.*
*Sie sind die Söhne und Töchter der Sehnsucht des Lebens nach sich selber.*
*Sie kommen durch euch, aber nicht von euch,*
*Und obwohl sie mit euch sind, gehören sie euch doch nicht.*
*Ihr dürft ihnen eure Liebe geben, aber nicht eure Gedanken,*
*Denn sie haben ihre eigenen Gedanken.*
*Ihr dürft ihren Körpern ein Haus geben, aber nicht ihren Seelen,*
*Denn ihre Seelen wohnen im Haus von morgen, das ihr nicht besuchen könnt, nicht einmal in euren Träumen.*
*Ihr dürft euch bemühen, wie sie zu sein, aber versucht nicht, sie euch ähnlich zu machen.*
*Denn das Leben läuft nicht rückwärts,*
*noch verweilt es im Gestern.*
*Ihr seit die Bogen, von denen eure Kinder als lebende Pfeile ausgeschickt werden.*
*Der Schütze sieht das Ziel auf dem Pfade*
*der Unendlichkeit, und Er spannt euch mit Seiner Macht,*
*damit seine Pfeile schnell und weit fliegen.*
*Lasst euren Bogen von der Hand des Schützen auf Freude gerichtet sein;*
*Denn so wie Er den Pfeil liebt, der fliegt, so liebt Er auch den Bogen, der fest ist.*

*Khalil Gibran*

---

*) Khalil Gibran, Der Prophet, Walter Verlag Olten und Freiburg i. B.

# ÜBERSTRENGE ELTERN
# AUTORITÄRE BEZUGSPERSONEN

Überstrenge Eltern, autoritäre, tyrannische Bezugspersonen, besitzende, erdrückende Liebe können einen Menschen, wenn er nicht die Kraft aufbringt, sich von der Person im Innersten zu lösen, ein Leben lang einengen und daran hindern, sich zu entfalten. Wenn Eltern/ Bezugspersonen ein Kind beherrschen, kann das sogar dazu führen, dass der junge Mensch nicht mehr fähig ist, auf eigenen Füssen zu stehen; und dass seine Persönlichkeit nicht mehr durchdringen kann.

Liebe Eltern,
bitte achtet die Persönlichkeit eures Kindes. Presst den kleinen Erdenbürger nicht in die Form eures Wunschkindes. Das «Traumkind» existiert nur in der Phantasie. Ein dressiertes Kind, das sich nie traut, seine Persönlichkeit zu zeigen und durchzusetzen, wird es sehr, sehr schwer im Leben haben. Ein Kind, das trotzt, ist nicht böse, sondern möchte nur seine Persönlichkeit ausprobieren und, wenn es möglich ist, auch durchsetzen.

Schaut euch nochmals das Bild auf S. 28. Lest den Text dazu nochmals genau durch. Versucht, diese Art von Sein zu leben. Schon mit Babies und ganz kleinen Kindern ist es möglich, diese Art von Zusammenleben zu praktizieren. Zeige es deinem Kind, und du wirst ihm etwas sehr Wichtiges und Gutes ins Leben mitgeben.

Auch Eltern, die schon verstorbern sind, können ihren Kindern das Leben noch schwer machen. Es ist jedoch möglich, in sich selber Zwiesprache mit dem Verstorbenen zu halten, sich im Innersten von der Person zu lösen und ihr ihre Fehler zu verzeihen. Das «in sich Verzeihen» ist der erste Schritt, um sich von alten, zerstörenden Bindungen zu lösen. Dies kann dir vielleicht sehr viel Mühe machen, aber glaube mir, diese Mühe lohnt sich!

### *Einige Symptome infolge zu grosser Strenge der Eltern oder mangelnder Loslösung von den Eltern*

*Bettnässen*

Mehrheitlich ist es die Angst vor dem (gewalttätigen?) Vater; Angst vor dem bösen, schwarzen Mann oder sonst einer angstmachenden Drohgestalt; Verlustangst (bei kleineren Kindern oft der Fall, wenn ein Geschwister zur Welt kommt); möchte selber wieder ein Baby sein.

*Dickdarmentzündung*

Überfordert sein; unter Leistungsdruck und -zwang stehen; überstrenge Eltern; nicht angenommen und/

oder nicht geliebt werden; Hass oder Wut gegen eine Autoritätsperson.

*Durchfall*

Die Vergangenheit und somit oft das Elternhaus nicht annehmen; sich von einer überstrengen Bezugsperson nicht lösen können; Angst, den Wünschen der Eltern nicht gerecht zu werden.

*Knochenprobleme*

Auflehnung gegen zu starken Druck; sich gegen Autorität und Tyrannei zur Wehr setzen.

*Magersucht*

Nicht erwachsen werden wollen; nicht anerkennen des Mann- oder Frauseins; sich von der Lebenseinstellung, die Vater oder Mutter zum Leben hatten, nicht lösen können.

*Nägelkauen*

Sich selber bestrafen oder «vernichten» wollen, aus Angst, einer Bezugsperson nicht genügen zu können; Trotz oder Angst gegenüber einem Elternteil; Unsicherheit; das Gefühl haben, immer etwas falsch zu machen; Angst vor Strafe; nicht abgelegte, gedankenlose Gewohnheit; sich von den Eltern nicht loslösen können.

*Schweissausbrüche*

Angst vor Versagen; kein Vertrauen; Angst vor Blossstellung; zu stark unter dem Druck (meistens der Mutter) stehen; sich innerlich von den Eltern

(Elternteil, Bezugsperson) nicht lösen können; ständige «Prüfungsangst».

*Stottern*

Unsicherheit; kein Vertrauen in sich selber; von den Eltern (oder sonst jemandem) oft ausgelacht und blossgestellt worden sein; sich nicht lösen können.

*Übergewicht*

Wurde oder wird zuwenig geliebt; besitzende «Affenliebe» der Eltern; hat von den Eltern das Geben und Nehmen nicht lernen können; Kummerspeck; Liebe «essen»; fühlt sich nicht willkommen und/ oder von den Eltern abgelehnt; Verlustangst; den Körper nicht akzeptieren; selten: nicht leben wollen.

*Zysten bei Babies*

Sehr oft unerwünschte, nicht mit grosser Freude erwartete Babies; sie brauchen viel mehr Liebe und Zärtlichkeit.

Notizen:

# VERDAUUNG

Ausreden gibt es viele, und der Auslöser ist ja auch sehr oft etwas falsch Gegessenes, etwas schwer Verdauliches, etwas Blähendes, Treibendes etc. Und doch wollen wir nicht den Symptomen, sondern den Ursachen zu Leibe rücken.

Unser Wortschatz ist voll von ess- und verdauungssymbolischen Ausdrücken, wie zum Beispiel:

- Etwas in den falschen Hals bekommen.
- Lange an etwas zu kauen haben.
- Es liegt mir schwer (im) auf dem Magen.
- Ein Erlebnis schwer verdauen.
- Ein geistiges Ei legen. Ein faules Ei legen.
- Schiss haben. (Laut Duden: übertrieben derb für: Angst haben.)
- Mir stinkt's. (Endphase der geblähten Verdauung.)

Was sich im Kopf abspielt, wiederholt sich im Leib.
Das heisst:
Du nimmst Nahrung auf, kaust sie, schluckst sie hinunter. Der Nahrungsbrei kommt in den Magen und die Verdauung kann beginnen. Der Nahrungsbrei rutscht weiter in den Darm, wird die ganze Strecke bis zum Ausgang geknetet, alles Brauchbare wird herausgedrückt, herausgesogen, bis wir an einem stillen Örtchen den Rest, das Unbrauchbare fallen lassen.

Im Idealfall werden alle brauchbaren Substanzen vom Körper aufgenommen, in aktive, kreative Energie umgewandelt und für Bewegung und Leistung aller Art verwendet.
Sind die Umstände nicht so günstig, geht die Nahrung viel zu schnell durch den Körper — und du leidest an Durchfall.
Oder das Gegenteil: Der Nahrungsbrei bleibt liegen und will und will nicht den vorgeschriebenen Weg gehen. Das Ergebnis: Du drückst und drückst — eine Anstrengung ohne Erfolg.

Jetzt projiziere das einmal auf deinen Denkapparat:

- Du hast Ideen, Gedanken, Eindrücke → Nahrungsaufnahme.
- Du nimmst das Erfahrene an → Kauen und Schlucken.
- Du verdaust → überlegen; abwägen, ob das Erfahrene, Gelesene etc. brauchbar ist; Ideenverwertung.
- Normale, gute Verdauung → kreatives, produktives Tun.

- Durchfall → Ideen zu schnell fallen lassen; «ich kann es ja doch nicht»-Haltung; Angst, Neues anzufangen.

- Verstopfung → Ein Gedicht von Christian Morgenstern sagt so treffend, was los ist:

*Gespräch einer Hausschnecke mit sich selber*

*Soll i aus meinem Haus raus?*
*Soll i aus meinem Haus nit raus?*
*Einen Schritt raus?*
*Lieber nit raus?*
*Hausenitraus —*
*Hauseraus —*
*Hausenitraus —*
*Hauseraus —*
*Rauserauserauserause………………..*

(Die Schnecke verfängt sich in ihren eigenen Gedanken oder vielmehr, diese gehen mit ihr dermassen durch, dass sie die weitere Entscheidung der Frage verschieben muss.)

Braucht es da noch eine weitere Erklärung dazu? Lass los, deine Gedanken und deinen «Abfall». Mach Platz für Neues. Nimm Neues bejahend und freudig an.

*Einige Verdauungsprobleme und ihre mögliche Ursache:*

Bitte das eigene Denken und die eigene Feinfühligkeit nicht vergessen!

*Blähung*

Hochmut; unverdaute Ideen; nach Luft schnappen (eingeengt sein); sich aufblähen; sich bemerkbar machen wollen.

*Blinddarmentzündung*

Angst vor dem Leben; das Leben und die Lebensenergie nicht fliessen lassen.

*Darmentzündung*

Wie alle Entzündungskrankheiten hängt auch Darmentzündung mit unterdrückter Wut zusammen. Du kannst nicht tun, was du gerne möchtest; Auflehnung gegen Unterdrückung und Autorität.

*Durchfall*

Gedanken zu schnell fallen lassen; das Gefühl haben von «ich kann es ja doch nicht»; kein Selbstvertrauen; Unsicherheit.

*Grippe*

Unselbständigkeit; Gefühle der Abhängigkeit; Gutgläubigkeit; überängstlich und überempfindlich sein.

*Hämorrhoiden*
Angst, loszulassen; Angst; Spannung; Furcht vor Neuem.

*Magenbrennen*
Aufgenommenes belastet zu sehr; zu wenig Distanz zu Dingen und Problemen anderer; das, was du gesehen, gehört, gefühlt hast, «brennt» in dir, du fühlst dich nicht wohl dabei.

*Magengeschwüre*
Sich selber zerstören; Angst in allen nur möglichen Formen; das Prinzip des Gebens und Nehmens ist nicht im Gleichgewicht; Kleinlich-sein; «Kleinkariertheit».

*Magenprobleme*
Angst, loszulassen; Unbehagen und Furcht vor Neuem.

*Mundgeruch*
Unaufrichtigkeit; Klatsch; falsche (faule) Einstellung zum Leben; langsames Denken; du hast dich negativen Einflüssen gegenüber zuwenig geschützt; du musstest zuviel «Schlechtes» schlucken.

*Reisekrankheit*
Platzangst; Abwehr gegen Geschwindigkeit; wenig Vertrauen haben.

*Schluckbeschwerden*

Die Gegenwart nicht annehmen können; sich gegen die bestehende Ordnung/Gewohnheit zur Wehr setzen.

*Übelkeit*

Nicht annehmen wollen.

*Verstopfung*

Nicht loslassen können; Geiz; Unentschlossenheit.

*Zahnschmerzen*

Unentschlossenheit; fertig gedachte Pläne nicht in die Tat umsetzen; langanhaltendes Zögern; sich nicht durchbeissen wollen. Das Gedicht von Christian Morgenstern von der Hausschnecke würde dahin auch gut passen.

*Zahnfleisch*

Zögernd ausführen, was du schon lange beschlossen hast.

*Zahnfleischentzündung*

Unterschwellige Wut, weil du daran gehindert wirst, deine Ideen auszuführen.

Notizen:

# DRITTER TEIL

# EINFÜHRUNG IN DIE MEDITATION

## *Haltung*

Du kannst liegend, auf dem Boden oder auf einem Stuhl sitzend oder auch stehend meditieren. Ich möchte hier für die, die noch nie meditiert haben, eine kleine Anleitung geben. Sie sollte aber auf keinen Fall stur oder dogmatisch befolgt werden. Hauptsache bei der folgenden Meditation ist, dass du dich gut entspannen kannst, von deinem Körper nicht allzu sehr gestört wirst und dass du dir das «In-dich-gehen» und «In-dich-fühlen» ermöglichen kannst.

Hast du jedoch deine persönliche Meditationshaltung schon gefunden und fühlst dich dabei wohl, so behalte diese bei.

Wähle möglichst einen hölzernen Stuhl mit gerader Lehne. Deine Füsse stehen parallel zueinander, fest auf dem Boden. Leute mit kurzen Beinen können sich ein Buch, einen Schemel oder sonst irgend etwas Hartes unter die Füsse legen.
Den Rücken kannst du frei oder angelehnt halten. Wenn du ihn anlehnst, achte darauf, dass die Wirbelsäule auf-

recht ist. Ein runder, gekrümmter Rücken macht sich in der Stille sehr schnell bemerkbar.
Den Kopf solltest du nicht anlehnen, sonst schläfst du recht schnell ein.
Die Hände liegen locker auf den Oberschenkeln, an dem Platz, an dem es dir bequem ist. Je nach Meditation und/oder deinem Empfinden sind die Handflächen nach oben oder nach unten gewendet. Sind die Handflächen nach oben hin geöffnet, so nimmst du Energie aus dem Kosmos auf und kannst sie in der gleichen Weise, ganz bewusst und dosiert abgeben. Nach innen gekehrte Hände schliessen den Kreis und du ruhst in dir.

Wählst du den Lotossitz, nimm das Dreieck als Grundgedanken. Ein dreibeiniger Stuhl wackelt nie, auch wenn die Beine nicht gleich lang sind und der Boden uneben ist. Eine zusammengerollte Decke oder ein Buch unter dem Po ist eine angenehme Sitzhilfe und das Auf-dem-Boden-sitzen wird erleichtert. Probiere selber aus, wie dick oder dünn eine solche Unterlage sein muss. «Eingeschlafene» Beine sind nicht gefährlich; massiere sie leicht mit deinen Händen und bewege sie sorgfältig, dann wachen sie sehr schnell wieder auf.
Auch beim Sitzen auf dem Boden liegen die Hände auf den Oberschenkeln.

Strecke deinen Rücken. Fühle, wie sich jeder Wirbel ganz wenig vom andern löst und sich zwischen jedem Wirbel ein kleiner «Zwischenraum» bildet. Jetzt lässt du den Rücken wieder sanft zusammensinken, jedoch nur so weit, bis sich alle Muskeln gelöst haben, die Wirbelsäule aber immer noch in aufrechter Haltung ist. Stell dir vor, du hättest in deinem Rücken einen Turm aus kleinen Holzklötzchen — immer eins auf dem andern, auf keine Seite verschoben, so dass ein schöner, stabiler Turm entsteht.
Schmerzt dich dein Rücken, zeigt es dir, dass in diesem Bereich eine Verkrampfung ist.

Jetzt wendest du deine Aufmerksamkeit deinen Füssen zu. Du spannst die Muskeln an und lässt sie wieder los. Spüre, wie die Muskeln sich entspannen; die Füsse müssen die Last nicht mehr tragen. Machst du deine Übung im Stehen, verteile das Gewicht auf die ganze Fussohle. Am besten ist es, wenn du Schuhe und Strümpfe ausziehst (es ist aber keine Katastrophe, wenn dies nicht möglich ist); so können sich deine Füsse auch im Stehen entspannen.
Nun lockerst du die Fussgelenke. Fühle, wie deine Beine von unten her immer wärmer und entspannter werden. Macht das Loslassen dir Mühe, spanne zuerst deine Muskeln ganz fest an; wenn du sie dann lockerlässt, entspannen sie sich ganz von alleine. Nun lässt du deine Knie, deine Oberschenkel, deine Hüften los. Deine Hände wer-

den locker, deine Arme entspannen sich, du gibst die Ellenbogen frei, du fühlst in den Oberarmen die Entspannung, die sich weiter über die Schultern und den Nacken ausbreitet. Du kannst auch eine Seite nach der andern entspannen. Das Tempo bestimmst du; versuche jedoch, ruhig und langsam vorwärtszugehen. Wir sind nicht in einem Wettrennen, du hast Zeit.

Achtung: Neigst du zu Muskelkrämpfen, solltest du das Anspannen der Muskeln nur sehr langsam und vorsichtig ausführen.

Von unten her entspannst du nun deinen Körper. Geh mit deinem Bewusstsein in deinem Bauch spazieren. Fühle deine Organe und lass sie los. Du kannst dich darauf verlassen, sie tun ihre Arbeit auch ohne dein Zutun. Fühle die Bewegung deiner Lunge. Beobachte deinen Atem, aber beeinflusse ihn nicht. Geh mit deinem Atem; sei einfach Atem.

Wenn du kannst, öffne behutsam deine Chakras, Energiezentren. Hast du das noch nie gemacht, lass los, lass fliessen und verliere keine Gedanken darüber.

Sag deinen Gedanken, sie sollen dich ein Weilchen in Ruhe lassen. Kommen sie trotzdem, macht nichts, lass sie ziehen wie Wolken am Himmel. Wenn du sie nicht festhältst, schweben sie an dir vorbei. Und vor allem denke nicht die ganze Zeit krampfhaft: «Ich darf nicht denken ..., ich darf nichts denken...» ; da denkst du ja schon wieder und hältst dich erst noch daran fest.

Lass fliessen und räume die kleinen und grossen Steine in deinem Energie- und Lebensfluss weg. Trag Sorge, dass du nicht immer und immer wieder neue Hindernisse auf deinen Weg legst.

Eine Welle der Weichheit, der Wärme, des Lichts und der Liebe durch- und überflutet dich.

*In dir ist Ruhe und Liebe!*

## REINIGUNG DER GEFÜHLE

Die folgende Reinigungsübung ist so einfach, dass es dazu keine besonderen Kenntnisse und keine langen Vorbereitungen braucht. Sie ist auch praktisch, da sie überall gemacht werden kann, ganz gleich, wieviele Leute um dich herum sind.

Du stellst dir vor, du atmest die Luft beim Einatmen bis hinunter zum Steissbein, dem unteren Ende des Rückgrates ein. Beim Ausatmen nimmt die Luft, die von unten her durch den ganzen Körper aufsteigt, allen Schmutz, alle schlechten Gefühle und vor allem alle Verletzungen und Beleidigungen, die dir Leute an den Kopf geschmissen haben, mit.

Wiederhole diese Übung, sooft es notwendig ist.

Das Ein- und Ausatmen ist tief, aber sehr ruhig. Es ist absolut nicht notwendig, wie eine alte Dampfwalze zu schnaufen und zu stöhnen. Tiefes Atmen hat nichts mit lautem Atmen zu tun (wird aber leider sehr oft verwechselt).

Das ist alles!
Versuch es! Vielleicht gelingt es dir beim ersten Mal noch nicht so ganz; versuche es trotzdem noch einmal. Glaube

daran, auch wenn diese Übung noch so einfach ist — sie hat eine wunderbare, wohltuende, beruhigende Wirkung.

## LICHTMEDITATION

Nimm deine bevorzugte, bequeme Meditationshaltung ein. Vertiefe dich in deinen Atem, sei Atem und fühle die Ruhe, die sich in dir ausbreitet. Ruhe, Weite, Licht und Liebe sind die Gefühle, die immer mehr Raum einnehmen. Sie durchdringen dich, und du verschmilzt mit ihnen.

Stell dir vor, rings um dich sei weisses Licht. Du kannst es dir so vorstellen, wie es für dich am angenehmsten ist und wie es dir am besten gefällt: als eine weisse Kugel oder wie ein weisses Ei, in dessen Mitte du dich befindest, so, als hättest du einen weiten, weissen Kapuzenmantel um dich herum. Oder du fühlst dich gar wie eine Raupe in einem weissen Seidenkokon. Du kannst mehr und mehr weisse Fäden um dich spinnen, bis dein Schutz nach aussen hin vollständig ist.

Fertig...! Das ist schon alles — einfacher geht's nicht mehr!

Du kannst dich damit vor negativen oder zu niedrigen Schwingungen schützen. Du kannst dir damit selber Schutz und Ruhe geben. Aggressionen von anderen kommen, wenn du im Licht bist, nur noch wie durch einen Filter gedämpft zu dir.

Nicht immer braucht es die Meditationsvorbereitungen. Es ist dir ja auch nicht immer möglich, dich für längere Zeit zurückzuziehen. Und ausgerechnet in diesen Momenten, in denen du überfordert bist oder unter Stress stehst, ist der Lichtschutz notwendig.

Eine Möglichkeit, dich zu schützen, ist folgende:
Am Morgen, gleich nach dem Aufwachen, solange du dich noch so recht wohlig fühlst, ist einer der besten Momente, dich in Licht zu hüllen. Du brauchst dann vorher gar keine Entspannungsmeditation zu machen, da du noch vom Schlaf her in entspanntem und empfänglichem Zustand bist. Dieses Licht wird dich den ganzen Tag schützen und alles wird viel weicher, lichter, angenehmer. Es ist ja klar, dass dir eine Lichtmeditation Auseinandersetzungen, unangenehme Arbeit und unerfreuliche Begegnungen nicht abnimmt. Sie wirkt jedoch wie ein Schalldämpfer, und alles ist nur noch halb so schlimm.

Hast du am Arbeitsplatz oder sonst irgendwo Ärger, bist du irgendwo zu Besuch und fühlst dich denkbar schlecht, sind Leute bei dir zu Hause, die du so schnell wie möglich von hinten zur Tür hinausgehen sehen möchtest (sogenannte Pflichtbesuche) oder…
Es gibt so viele Situationen, in denen wir uns nicht so ganz wohl fühlen. Da gibt es nur eins: zieh dich einen Moment irgenwohin zurück (sogar das «stille Örtchen» ist dazu geeignet), entspanne dich und hülle dich in Licht. Vielleicht musst du ein bisschen üben, bis das in relativ kurzer Zeit klappt, aber du wirst sehen: alles ist dann viel leichter zu ertragen.

Fühlst du dich in deinem Zimmer, in deiner Wohnung nicht wohl, so ist es gut, wenn du die Räume mit Licht «säuberst».
Dazu gehst du folgendermassen vor:
Du meditierst wie oben beschrieben, hüllst dich in Licht und lässt dich von Kraft und Licht durchdringen. Sobald du dich sehr wohl fühlst, dehnst du das Licht aus. Du stellst dir vor, wie es grösser und grösser wird. Immer mehr und mehr Licht scheint aus dir heraus und verbreitet sich im Raum. Fühle, wie der ganze Raum hell und licht wird.

Dieses Säubern von Räumen ist nicht nur auf deine Wohnung beschränkt; du kannst und darfst es überall anwenden, aber mach bitte kein Theater und keine Schau daraus.

# HEILMEDITATION

Heilmeditationen sind nicht an eine bestimmte Form gebunden. Ich gebe hier einige Anregungen — du kannst sie nach deinem Sein, deinen Vorstellungen und deinen Wünschen abändern.

Vertiefe dich in deine gewohnte Meditation. Konzentriere dich auf deinen Atem, bis du in dir Ruhe, Licht und Friede bist. Lass die Gedanken vorbeiziehen, halte keinen fest. Entspanne dich. Lausche auf die Stille.

Es gibt verschiedene Bilder, die du dir vorstellen kannst . Versuche es mit allen einmal, und du wirst sehr bald erfühlen, welches genau das richtige für dich ist. Du kannst die Bilder auch nach deinen Wünschen und Vorstellungen bereichern oder abändern, so dass sie deinem ICH entsprechen.

## DER BRUNNEN

Stell dir vor:
Du stehst auf einer Wiese. Die Sonne scheint, es ist warm, du fühlst die Wärme auf deiner Haut. Stille! Einzig der Gesang der Vögel und das Summen der Insekten schweben in der Luft. Rings um dich wachsen Blumen in allen erdenklichen Formen und Farben. Schönheit, Sanftheit und Liebe umgeben dich. Du hörst das leise Rauschen von Wasser und schaust dich um. Nicht weit von dir siehst du einen wunderschönen Brunnen. Das Becken ruht direkt auf dem Boden und hat die Form einer geöffneten Lotosblume. In der Mitte steigen Energiestrahlen gegen den blauen Himmel und sinken sanft wieder in das Brunnenbecken zurück. Du hältst deine Hände in den Energiequell und fühlst, wie durch deine Hände die Energie in deinen ganzen Körper und durch ihn hindurchfliesst. Bis in die letzte Faser, in jede Zelle dringt das heilende, reinigende Licht. Du steigst in das Becken und fühlst dich einfach wohl. Ob du dich in ruhigem Frieden in den sanften Wellen treiben lässt, oder ob du wie ein übermütiges Nilpferd darin herumplanschst, ist dir überlassen. Die Hauptsache ist: Fühle dich wohl und reinige dich mit der heilenden Energie.

Und nun lade deine Freunde ein, zu dir in den Brunnen zu kommen. Zwinge niemanden hereinzukommen; eine liebende Aufforderung genügt. Vielleicht mag der eine oder

andere nur bis an den Beckenrand kommen, vielleicht setzt sich jemand nur auf den Rand und lässt die Füsse ins wunderbare Nass hängen.
Versuche, es wie einen Traum zu sehen. Wenn du nichts siehst, ist es nicht weiter schlimm; stell es dir einfach vor. Du solltest dich auf keinen Fall verkrampfen und mit «Gewalt» etwas sehen wollen.

Deine Freunde sollen sich wohl fühlen. Lass jeden tun, so wie er gerne möchte.

Nun bittest du alle Menschen, denen du Kraft, Licht und Energie schenken möchtest, zu dir ins Becken zu kommen. Dasselbe gilt auch hier: Zwinge niemanden, lade nur ein.

Versuche jetzt, auch die Leute, die du nicht gerne magst, Leute, die dich verletzt haben und die dir böse wollen, einzuladen. Wenn du kannst, bitte auch die Menschen, auf die du im Moment eine Wut hast, oder die du vielleicht hasst, zu dir ins Becken zu kommen. Tu das jedoch nur, wenn du spürst, dass du mit deinen Gefühlen nicht dunkle Wolken zum Brunnen bringst. Vergewaltige dich nicht, versuche es aber trotzdem immer wieder.

Wenn du siehst, fühlst, erahnst, dass alle, die bei dir sind, sich wohlfühlen, sich gereinigt haben, Heilung und Frieden erfahren haben, verabschiede dich von ihnen.

Auch du nimmst Abschied von diesem göttlichen Ort, gehst auf deine Wiese zurück und fühlst nochmals die Sonnenwärme auf deiner Haut.

Atme tief ein, erfahre, wie sich deine Lungen mit Luft füllen und dein Brustkorb sich ausdehnt und wieder zusammenzieht. Komm langsam zurück, bewege dich sanft, öffne die Augen, strecke und recke dich und wenn es geht, gähne so richtig herzhaft.

Machst du die Meditation vor dem Einschlafen, musst du gar nicht erst wieder ganz zurückkommen. Es genügt, wenn du dir bewusst wirst, dass du auf dem Rückweg bist.

Schläfst du einmal bei der Meditation ein, mach dir keine Gedanken darüber; passieren kann dir nichts.

## DIE ENERGIEKUGEL

Du stellst dir vor, kosmische, göttliche Energie ströme durch dein Scheitelchakra, dein Kopf-Energiezentrum ein. (Dieses Zentrum liegt auf der Höhe der Fontanelle.) Durch das Herzchakra, das Christuszentrum, fliesst die Energie wieder hinaus und konzentriert sich vor dir zu einer Energierkugel, einer strahlenden Flamme oder einem leuchtenden Herzen. (Das Christuszentrum befindet sich auf der Höhe des physischen Herzens, jedoch in der Mitte des Körpers beim Brustbein.)

Die Energiekugel flimmert in allen Farben, sie strahlt Wärme und Liebe aus. Friede und Ruhe umschliesst dich und dein leuchtendes Bild.

Inmitten dieser Energiekugel stellst du dir eine menschliche Gestalt vor. Dieser Gestalt gibst du die Namen deiner Freunde, denen du Licht, Liebe und Energie senden möchtest. Wie in der «Brunnenmeditation» kannst du alle Menschen, denen du Heilung geben möchtest, in die Gestalt projizieren.

Reinige auch dich mit Energie und nimm soviel davon in dich auf, wie du brauchst.

Beende diese Meditation wie die Brunnenmeditation.

## DREI WICHTIGE PUNKTE BEIM MEDITIEREN

- Welche Bilder du immer in deiner Meditation brauchst — sei es ein Brunnen, ein kleiner See, ein Bächlein, ein Energiezentrum in irgendeiner Form, eine kleine Kapelle oder ein wunderschöner weisser Tempel — immer soll die Grundstimmung hell, ruhig und friedlich sein. Hat es Wolken an deinem Himmel, schicke sie weg. In der Meditation haben nur Licht, Liebe, Ruhe und Frieden Platz.

- Das zweite, worauf du achten musst:
Nur wenn du wirklich entspannt und ruhig bist, kann die Energie bei dir richtig fliessen. Fühle dich wohl und geniesse es. Nie darfst du eine Heilmeditation unter Zwang durchführen. Das heisst, dass auch du dich nicht dazu zwingen sollst.

- Und das dritte ist eigentlich das schwerste:
Du darfst einem Menschen seine Leiden nicht wegwünschen, auch nicht, wenn du ihn noch so lieb hast. Du darfst ihm Kraft, Liebe, Linderung für seine Leiden senden, aber du darfst ihm die Möglichkeit nicht wegnehmen, Klarheit durch seine Krankheit, seine Leiden zu erlangen. Hilf ihm beim Suchen nach der wirklichen Ursache. Hilf ihm beim Durchstehen wirklich dunkler Tage und zeig ihm deine mitfühlende Liebe. Innere Ruhe, innere Fröhlichkeit (nicht künstliche Lustigkeit),

Ausgeglichenheit und innere Kraft helfen einem leidenden Menschen. Gib ihm das Gefühl, dass er sich an dir festhalten, NICHT FESTKLAMMERN darf. Sei ihm eine Stütze, wenn er wieder die ersten Schritte macht und hilf ihm, wieder SELBER zu gehen.

Versuche, die Worte aus der Bibel, «Liebe deinen Nächsten wie dich selbst» zu leben. Was heisst das wirklich?
*Liebe deinen Nächsten* ist ja wirklich klar; aber hast du auch das *wie dich selbst* verstanden? Es ist sehr, sehr wichtig, dass du dich selber annimmst, dich selber liebhast, annimmst und akzeptierst. Nur so hast du die Möglichkeit, ehrliche, helfende Liebe und heilende Kraft weiterzugeben.

Wie immer:
*Bei DIR selber musst du beginnen!*

## ERKENNEN

Nimm eine bequeme Meditationhaltung ein, entspanne dich und lasse deine Gedanken zur Ruhe kommen. Du fühlst deinen Atem, es ist fast so, als ob du ihm zuschauen würdest. Ruhig und sanft ist dein ganzes Wesen.

Verweile in diesem Sein. Und nun schaust du dich an, so wie du jemand anderen anschauen würdest, jedoch ohne dich zu bewerten, zu beurteilen oder verurteilen, ohne Selbstmitleid, Fluchtgedanken oder Aggressionen.
Stell dir Fragen. Du musst dich dabei nicht an die untenstehenden Beispiele halten, lass deiner Phantasie freien Lauf. Die einzige Bedingung ist: Sei ehrlich mit dir selber. Niemand hört oder sieht dir zu, und du kannst die Antworten ganz für dich allein, in deinem Innersten auswerten.

- Engst du dich zu sehr ein?
- Überforderst du dich?
- Bist du zu streng mit dir selber?
- Magst du dir nichts oder zu wenig gönnen?
- Magst du dich überhaupt?
- Findest du dich hässlich?
- Fühlst du dich minderwertig?
- Hast du das Gefühl, dass nur du gut bist?
- Kennst du Demut?
- Hast du dich selber lieb?

- Wie steht es mit der Liebe zu deinem Nebenan?
- Hast du Geduld mit dir und den andern?
- Hast du fast an allem etwas auszusetzen?
- Redest du zuviel? Vielleicht auch über andere?
- Kann man dir überhaupt etwas recht machen?
- Hast du dich heute schon über irgend etwas gefreut?
- Möchtest du weitergehen?
- Bist du bereit, Neues zu lernen und anzunehmen?
- Bist du überaktiv und lässt dir keine Zeit zum Nachdenken?
- Oder bist du zu passiv und findest, es hat ja doch alles keinen Zweck?
- Machst du dir zuviele Sorgen um dich, um deine Zukunft, um dein Nebenan?
- Lebst du zu sehr in den Tag hinein?
- Hast du Ängste?
- Möchtest du vor allem flüchten?

Stelle dir diese und noch viel mehr Fragen und versuche, sie ehrlich, jedoch ohne grosse Gefühlsregungen, zu beantworten. Hast du die Antworten, kannst du sie zum Beispiel aufschreiben. Arbeite mit den Antworten, «biege» dich selber zurecht. Verzweifle nicht, wenn am Anfang viele «negative» Antworten auf deiner Liste stehen. Erkennst du deine negativen Seiten, hast du schon den halben Weg hinter dir.
Und glaub mir: Die Arbeit an dir selber ist eine Arbeit, die sich wirklich lohnt. Denn so, wie du zu dir selber eingestellt bist, so antworten die Welt und die Menschen auf dein Sein.

# DANKESCHÖN

Danken möchte ich an erster Stelle meinen geistigen Führern und Helfern, die mich mit liebendem, sanftem Druck zum Schreiben dieses Buches drängten. Auch danke ich für all das Wissen und die Erkenntnisse, die ich dir, lieber Leser, hiermit übermitteln darf.

Ein verehrendes Dankeschön der Mutter Natur. Sie war mir mit ihren Wundern die beste Lehrmeisterin. In ihrer Liebe ist der einzige Platz, an dem ich mich immer wieder ausruhen kann.

Ein aus innerstem Herzen kommender Dank an alle meine irdischen Lehrer. Sie haben mir mit ihrem Wissen und mit ihrer Liebe meinen Weg erhellt. Sie haben mir in Momenten der Mutlosigkeit Mut zum Weitergehen zugesprochen und mich gestützt.

Lieben Dank all meinen Freunden, die bei der Geburt dieses Buches Pate gestanden haben und mich in liebender Weise im Kampf mit der Materie unterstützt haben.

INHALTSÜBERSICHT

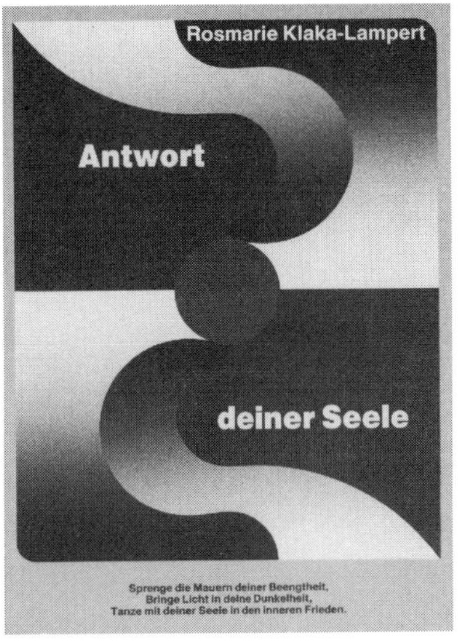


Sprenge die Mauern deiner
Beengtheit,
Bringe Licht in deine
Dunkelheit,
Tanze mit deiner Seele
in den inneren Frieden.

# Antwort deiner Seele

... das Arbeitsbuch zu dem Buch «Liebesgeflüster mit deiner Seele». Ein zweites Buch, das nicht nur «Anhänger» ist, sondern auch als Einzelbuch dir den Weg zu deinem «Selbst» zeigt. Ein Hilfsmittel, um deine «Fassade» abzubauen und deinem wahren SELBST in voller Grösse und Schönheit zum Durchbruch zu verhelfen.

Chakra, Aura, Astralkörper ...
Karma, Prana, Medialität ...
Unter-, Tag- und Überbewusstsein ...
Polarität, Reinkarnation, Ego ...

Alles fremde Worte?

Was bedeuten sie für uns?
Wie sind sie zu verstehen und, was noch viel wichtiger ist, wie können wir lernen, damit umzugehen; lernen, sie in unserem Alltag, in unserem «Sein» nützlich und «gewinnbringend» einzusetzen und zu gebrauchen.

Antwort deiner Seele ist ein Buch der Praxis, das zur Aktivität und zum «Sich-selber-Sein» aufruft. Es preist keine «Patentrezepte» und Wunderheilungen an, es ruft den «Wunderheiler» in uns wach.

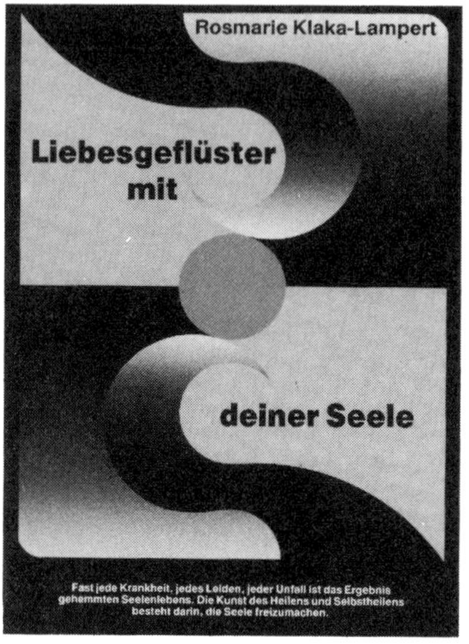


# Bisbigli d'Amore con la tua anima

## Liebesgeflüster mit deiner Seele in italienischer Sprache

**Erscheint Mitte 1990**

Ein «Fehler» in der Erziehung?! Seine Hintergründe, seine Auswirkungen, seine Folgen für die ganze Menschheit.

# Eine Kinderseele ruft um Hilfe

Weisst Du noch? Deine Sorgen, deine Probleme, deine Leiden? Sicher möchtest du deinem Kind all diese Leiden ersparen. Ob es nun «dein» Kind oder das Kind neben dir ist . . .

Und doch, immer wieder meldet sich das «Früher» . . .
Immer wieder taucht das «Phantom» Vergangenheit auf . . .
Immer wieder das «automatische» Handeln . . .
Immer wieder dieses «falsche» Reagieren . . .

Wie diesem Phantom begegnen?
Wie diese destruktiven «Seins-Zustände» abbauen?

. . . ist ein Buch, das dir hilft die Alltagssorgen deines Kindes und seine Probleme besser zu verstehen. Es hilft dir zu erfühlen, was die kindliche Seele dir sagen möchte.

– Indem du die Sprache der Seele verstehen lernst, kannst du viel Leiden und viel Leid von deinem Kinde fernhalten.

– Es zeigt dir auch, wie gross deine «Mitbeteiligung» bei Krankheit, Unfall oder Leiden ist und wie du am besten diese Einflüsse stoppen und auflösen kannst.

– Es zeigt dir auch, wie stark der Einfluss deiner Gedanken, deiner Gefühle und deines Tuns auf das Wohlbefinden deines Kindes einwirkt.

– Und vor allem zeigt es dir auch, warum dein Kind ausgerechnet zu dir gekommen ist und sich nicht «liebere», «bessere», «wohlhabendere» Eltern ausgesucht hat.